L'anglais saugrenu

Du même auteur

La Théière de Chardin, Garnier, 1979 (avec Gilbert de Goy).

Sky my husband ! Ciel mon mari !, Hermé, 1985 ; rééd. Le Seuil, 1987.

L'Album du BCBG, AMP, 1985.

Sky my teacher !, Carrère, 1986.

Mon carnet secret, Carrère, 1986.

Le Guide du futur directeur général, Hermé, 1986 (avec Marie Garagoux).

Les Meilleurs Histoires de bonnes manières, Carrère, 1987.

Suites et fins, Carrère, 1988.

Heaume, sweet home, Harrap, 1989.

Sky my wife ! Ciel ma femme !, Le Seuil, 1990.

Édouard, ça m'interpelle, Belfond, 1990 (avec Pascale Leroy).

L'Agenda du Jet Set, Le Cherche-Midi éditeur, 1991.

Sky my kids ! Ciel mes enfants !, Payot, 1991.

Le Dictionnaire des mots qui n'existent pas, Presses de la Cité, 1992 (avec Nathalie Kristy).

Un si gentil petit garçon, Payot, 1992.

Documents Payot

Jean-Loup Chiflet

L'anglais saugrenu

Dessins de Christine Géricot

Avertissement

Étonnant, insolite, inusité, surprenant, extravagant, cocasse, imprévu, inopiné, singulier, bizarre, inaccoutumé... Ce guide de conversation et le vocabulaire illustré qui l'accompagne deviendront vite indispensables à tous ceux qui souhaitent améliorer leur anglais.

Est-il besoin d'ajouter que toutes les traductions ont été soigneusement vérifiées par la Faculté, mais que ce gage de sérieux ne doit en rien altérer le côté éminemment facétieux de ce joyeux livre.

J.-L. C.

GUIDE DE CONVERSATION

AU COMMISSARIAT DE POLICE
AT THE POLICE STATION

- **Où puis-je laver mes petites menottes ?**

  Could I please go and wash my little handcuffs ?

- **Madame la commissaire, je vous trouve très belle, j'aimerais vous faire une déclaration ?**

  (Speaking to the Female Police Chief) : You're very beautiful. May I make my declaration ?

- **Auriez-vous l'obligeance de détacher ce radiateur de mes poignets ?**

  Would you be so kind as to untie the radiator from my wrists ?

- **Rendez-moi mes lacets car je vais prendre froid aux pieds avec ces courants d'air.**

  Please give me back my shoelaces or my feet will get cold from these drafts.

- **Ça avait la couleur de l'alcool, ça ressemblait à de l'alcool, mais vous avez raison monsieur l'agent, je crois que c'était vraiment de l'alcool.**

  It was the same colour as alcohol and it looked just like alcohol. You know, I think you're right, Officer, it really was alcohol.

VOCABULAIRE

Bavure = Unfortunate mistake
Matraque = Truncheon
Contravention = Fine
Immigré = Immigrant
Patibulaire = Sinister
Machine à écrire = Typewriter
Viol = Rape
Ceinturon = Belt
Violon = Violin
Visière = Peak
Avocat = Lawyer
Innocent = Innocent

CHEZ UN MILLIARDAIRE
AT A BILLIONAIRE'S HOUSE

- **Qui a pris le Rembrandt qui était dans la salle de bains ?**

  Who took the Rembrandt that was in the bathroom ?

- **Les orchidées de la niche du chien sont fanées.**

  The orchids in the doghouse have wilted.

- **Quelle Liz a téléphoné, Taylor ou la Reine ?**

  Which Liz was that on the telephone, Taylor or the Queen ?

- **Je trouve que les enfants ne devraient pas griffonner sur les Picasso. Ça fait désordre.**

  I don't think the children should scribble on the Picassos. It looks so sloppy.

- **Si l'hélicoptère est en panne, comment vais-je faire pour aller chercher le pain ?**

  How will I get to the bakery if the helicopter isn't working ?

VOCABULAIRE

Or = Gold

Pouvoir = Power

Yacht = Yacht

Spéculation = Speculation

Vison = Mink

Maître d'hôtel = Butler

Truffe = Truffle

Esturgeon = Sturgeon

Bourse = Stock Exchange

Magot = Pile

Luxe = Luxury

Plaqué or = Gold plate

JE VOYAGE AU JAPON
MY TRIP TO JAPAN

- **Ne mets pas tes genoux sur la table.**

  Don't put your knees on the table !

- **A quelle heure rentre le kamikaze ?**

  What time is the kamikaze coming home ?

- **Pour le petit déjeuner j'avais dit « café complet » et non pas « riz complet » !**

  I ordered a continental breakfast with coffee, not with rice !

- **Madame la geisha, si vous voulez courir pour attraper votre train, vous feriez mieux de mettre un jogging.**

  If you have to run to catch your train, you'd be better off wearing sweat pants... even if you are a Geisha.

- **Mais non, monsieur le sumo, ce n'est pas parce que vous êtes anorexique qu'il faut vous faire hara-kiri.**

  Just because you're a sumo wrestler doesn't mean you have to commit hara-kiri for being anorexic.

VOCABULAIRE

Yeux bridés = Slanting eyes
Poisson cru = Raw fish
Empereur = Emperor
Courbette = Low bow
Bombe atomique = Nuclear bomb
Tremblement de terre = Earthquake
Rizière = Ricefield
Yamaha = Yamaha
Cerf-volant = Kite
Honda = Honda
Temple = Temple
Jaune = Yellow

CHEZ LE PSYCHANALYSTE
AT THE ANALYST'S

- **Je jouais effectivement au football au stade municipal, mais je n'ai jamais été ni au stade oral ni au stade anal.**

  I used to act in plays on the community theatre stage, but I never got to the oral or anal stage.

- **Si j'avais su qu'il fallait que je me couche sur ce divan j'aurais apporté mon pyjama et mon nounours.**

  If I had known I was going to lie down on this couch, I would have brought my teddy bear and pyjamas.

- **Je crois que vous faites erreur. Ma mère n'était pas castratrice, mais cantatrice.**

  I think you're misunderstood. I said my mother practised emancipation, not emasculation.

- **Lorsque vous décroisez vos jambes, madame la psychothérapeute, je sens le réservoir de ma libido se destructurer en vue d'un transfert analysant analysé.**

  (Speaking to a female therapist) : When you uncross your legs, I feel my libido coming undone and getting geared for an analyst-analysand transfer.

VOCABULAIRE

Schizophrénie = Schizophrenia
Narcissique = Narcissistic
Névrotique = Neurotic
Borderline = Borderline
Projection = Projection
Régression = Regression
Phallique = Phallic
Pulsion = Drive
Phobique = Phobic
Pénis = Penis
Fantasme = Fantasy
Œdipe = Œdipus

A L'ACADÉMIE FRANÇAISE
AT THE FRENCH ACADEMY

- **Je vous trouve très vert pour votre âge.**

  You do seem quite spry for your age.

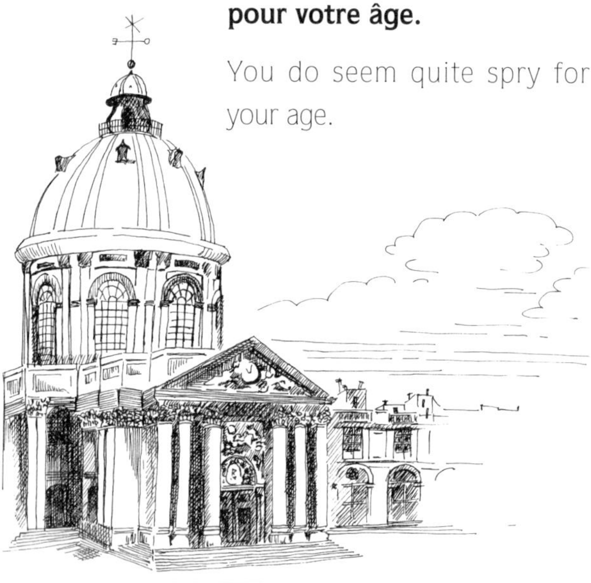

- **Où doit-on s'adresser pour participer au goûter costumé du jeudi après-midi ?**

  Where is the Thursday afternoon costume tea party being held ?

- **J'aimerais visiter la salle de musculation.**

  I'd like to see the work-out room.

- **Où se trouvent les toilettes pour femmes ?**

  Where is the ladies' room ?

- **Dès que vous aurez fini votre sieste, pourrez-vous terminer la lettre B ?**

  As soon as your nap is over, could you finish the letter B ?

VOCABULAIRE

Épeler = To spell
Pluriel = Plural
Pléonasme = Pleonasm
Consonne = Consonant
Épithète = Epithet
Mot = Word
Glossaire = Glossary
Alphabet = Alphabet
Voyelle = Vowel
Verbe = Verb
Complément = Complement
Singulier = Singular

CHEZ LE TAXIDERMISTE
AT THE TAXIDERMIST'S

- **J'aimerais que vous consolidiez l'andouiller de mon wapiti, car j'ai huit enfants et j'aimerais qu'ils puissent accrocher leurs manteaux.**

  I'd like you to reinforce my wapiti antlers so that my eight children can hang up their overcoats on them.

- **Mon orang-outan devait être prêt à 15 h. Que se passe-t-il ?**

  What's going on ? My orangutang was supposed to be ready by 3.

- **Pour ma pieuvre, j'aimerais que vous me fassiez un prix : la septième tentacule gratuite.**

  Could you give me a deal on that octopus ? How about the eighth tentacle for free ?

- **Auriez-vous un joli diplodocus, mais plutôt nain, car c'est pour un milieu de table ?**

  I'm looking for an attractive diplodocus, but it has to be a miniature because it's for a centre-piece.

- **Pouvez-vous réparer mon serpent à sonnette ? Il ne fonctionne plus.**

  Could you repair my rattlesnake, please ? It doesn't work any more.

VOCABULAIRE

Hareng = Herring
Chinchilla = Chinchilla
Tapir = Tapir
Pou = Louse
Putois = Polecat
Lamproie = Lamprey
Chat-huant = Screech owl
Mangouste = Mongoose
Cachalot = Sperm whale
Orignal = Moose
Sangsue = Leech
Silure = Silurid

AU VATICAN
AT THE VATICAN

- **Je vois que vous avez fait repeindre les plafonds, c'est du Pope art ?**

  I see you've had the ceiling repainted. Is that called Pope Art ?

- **J'aime bien votre chapeau, il est rigolo. Où l'avez-vous acheté ?**

  I really like your hat. It's so funny. Where did you get it ?

- **Je connais une Trattoria dans le coin qui fait d'excellentes pâtes au basilic.**

  I know a trattoria in the area that serves great angel hair pasta.

- **j'ai vu *Rocky I, Rocky II,* mais je n'ai pas vu Vatican I ni Vatican II.**

  I've seen Rocky I and II, but I haven't seen Vatican I or Vatican II.

- **Où puis-je acheter du savon ? C'est pour offrir au pape pour qu'il me fasse une bulle.**

Quick ! I need to find a cape. The pope is sending me a bull.

VOCABULAIRE

Nonce = Nuncio

Conclave = Conclave

Chasuble = Chasuble

Encyclique = Encyclical

Aube = Alb

Crosse = Crosier

Mule = Mule

Surplis = Surplice

Concile = Synod

Étole = Stole

Chape = Cope

Infaillibilité = Infallibility

LES ADOS
THE TEENAGERS

- **Tu hallucines ou quoi ?**

  Are you nuts or what ?

- **J'ai un plan d'acier avec une belette.**

  I met this chick and I'm sure it's going to work with her.

- **Je me suis fait virer du bahut.**

  I've been kicked out of school.

- **Il a levé un de ces boudins, je te dis pas !**

  You should see the dog he picked up !

- **On a passé un week-end outre fun.**

  We had an awesome time this weekend.

- **On va taper l'incruste dans une fête.**

  We're going to crash a party.

- **Pour les examens, il a le cul bordé de nouilles.**

  He's always such a lucky devil when it comes to exams.

VOCABULAIRE

Erreur humaine = Creep

Prise de tête = Real pain

Lézard = Problem

Enflure = Creep

Galère = Bore

Sapé = Dressed

Zoner = To wander around

Caisse = Car

Pétard = Joint

La honte = Shame

Trop = Too much

Tronche de cake = Jerk

DANS UN SOUS-MARIN
IN A SUBMARINE

- **Auriez-vous un masque et un tuba, car j'aimerais aller me promener sur le pont ?**

  Have you got a mask and snorkel to lend me ? I'd like to go for a walk up on the bridge.

- **Je n'arrive pas à ouvrir les fenêtres.**

  I can't get these windows open.

- **Les essuie-glaces du périscope doivent être en panne car je ne vois plus rien.**

  I can't see a thing. The periscope's windscreen wipers must be broken.

- **Mon commandant, j'ai amené le pavillon mais je le trouve très humide.**

  I raised the flag, Captain, but it's rather wet.

- **Avec un peu plus de vent nous irions probablement plus vite.**

  We could probably go faster if the wind were blowing stronger.

VOCABULAIRE

Hélice = Propeller
Sas d'accès arrière = Air lock
Chaudière = Boiler
Kiosque = Conning tower
Barre de plongée = Starboard diving plane
Gouvernail de plongée avant = Port sail plane
Chambre des machines = Engine room
Tube lance-missiles = Missile tube
Couchette = Bunk
Réacteur = Reactor
Torpille = Torpedo
Missile = Missile

AU RESTAURANT CHINOIS
AT A CHINESE RESTAURANT

- **Auriez-vous un peu de pain pour le fromage ?**

  Could I please have some bread to go with the cheese ?

- **Bonjour Mr Ping, n'auriez-vous pas vu mon chat car il a disparu près de chez vous ?**

  Hello ! Mr. Ping. Have you seen my cat ? It got lost near here.

- **Votre canard siamois est très bon mais je lui trouve un arrière-goût de gouttière.**

  Your Siamese duck is delicious but it has a strange aftertaste... rather like alley food.

- **J'aurais préféré des rognons de veau et du gratin dauphinois.**

  I would have prefered veal kidneys and scalloped potatoes.

- **Cette soupe chinoise paraît excellente mais j'éprouve une certaine difficulté à l'apprécier avec des baguettes.**

  This Chinese soup smells delicious, but I could sure use a spoon instead of chopsticks.

VOCABULAIRE

Canard laqué = Peking duck

Thé = Tea

Soupe = Soup

Cure-dent = Toothpick

Vapeur = Steam

Menu = Menu

Rouleau de printemps = Spring roll

Bol = Bowl

Riz cantonais = Fried rice

Écumoire = Skimmer

Gingembre = Ginger

Wok = Wok

A L'HÔPITAL
IN HOSPITAL

- **Madame l'anesthésiste, pouvez-vous me réveiller vers midi/midi et demi ?**

  Speaking to the anaesthetist : Could you please make my wake up call for around 12-12:30 ?

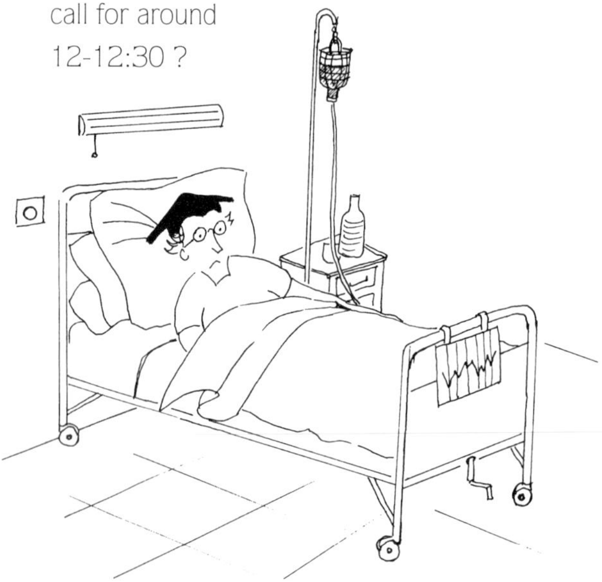

- **Enlevez votre masque, je vous ai reconnu.**

  Take off your mask. I know who you are.

- **Je ne me fais pas de mauvais sang mais je n'aime pas les transfusions.**

  I'm not too worried about it, but I don't like blood transfusions.

- **Il faut faire la queue pour passer sur le billard, et en plus, ça me donne les boules.**

  You have to queue up before being operated on. It really gives me the creeps.

- **A quelle heure doit-on changer de drain ?**

  When should we change the tubes ?

VOCABULAIRE

Cachet = Tablet
Prostate = Prostate
Radiographie = X-ray
Seringue = Syringe
Infirmière = Nurse
Ovaire = Ovary
Vessie = Bladder
Spéculum = Speculum
Abaisse-langue = Tongue depressor
Stimulateur cardiaque = Pacemaker
Veine cave supérieure = Superior vena cava
Oto-rhino-laryngologiste = Ear, nose and throat specialist

JE RENTRE AU COUVENT
GETTING TO A NUNNERY

- **J'avais réservé une cellule avec un lit double. Passez-moi la réception.**

  I'd like to speak to the manager please, I reserved a cell with a double bed.

- **Pouvez-vous me réveiller pour matines ?**

  Could you wake me up for matins, please ?

- **A quelle heure doit-on se flageller ?**

  What time is flagellation scheduled for ?

- **Je préfère garder ma casquette car j'ai peur de prendre froid à cause de la tonsure.**

  I'd rather keep my cap on. I'm afraid of catching cold with this tonsure.

- **Je croyais que les auréoles se portaient au-dessus de la tête et non sous les bras.**

  I thought halos were supposed to be worn above your head, not under your armpit.

VOCABULAIRE

Chasteté = Chastity
Méditation = Meditation
Novice = Novice
Foi = Faith
Cloître = Cloister
Dévotion = Devotion
Chapitre = Chapter
Extase = Ecstasy
Vœu = Vow
Parloir = Parlour
Cloche = Bell
Moine = Monk

DANS LE MÉTRO
THE UNDERGROUND

- **Dès que vous aurez fini de lire par-dessus mon épaule, je me permettrai de tourner la page.**

  As soon as you've finished reading over my shoulder, I'll turn the page.

- **Pardon, monsieur le contrôleur, où sont les toilettes s'il vous plaît ?**

  Excuse me, Inspector, where is the John ?

- **Je voudrais la couchette du haut.**

  I'd like the upper berth.

- **Je n'ai que quelques bagages à main mais je souhaiterais les enregistrer.**

  I've only got hand luggage, but I'd like to check it in.

- **La prochaine fois, je demanderai à l'agence de voyages de me donner des places assises dans le sens de la marche.**

  Next time I'll ask my travel agent to reserve seats facing in the direction that the train is heading.

VOCABULAIRE

Tourniquet = Turnstile
Aiguillage = Switch
Escalier mécanique = Escalator
Barre de maintien = Side handrail
Portes coulissantes = Door panels
Motrice = Motor unit
Quai = Platform
Butoir = Bumper
Rame = Train
Traverse = Tie
Voie = Track
Siège = Seat

DANS LES CATACOMBES
IN THE CATACOMBS

- **Comme c'est bien rangé !**

  It's so neat and tidy down here !

- **Y a quelqu'un ?**

  Is anyone home ?

- **Être ou ne pas être, là est la question.**

  To be or not to be, that's the question.

- **Échangerait radius contre cubitus.**

  Will swap a radius bone for a ulna bone.

- **Les chiens doivent être tenus en laisse.**

  Dogs must be kept on a leash.

- **N'oubliez pas le guide... à l'intérieur, s'il vous plaît.**

  Please don't leave the guide inside.

VOCABULAIRE

Sternum = Sternum

Omoplate = Shoulder blade

Métatarse = Metatarsal

Ilion = Ilium

Carpe = Carpus

Rotule = Knee cap

Péroné = Fibula

Clavicule = Collar bone

Crâne = Skull

Malléole = Calcaneus

Cubitus = Ulna

Sacrum = Sacrum

A LA PLAGE
AT THE BEACH

- **Les enfants ! Arrêtez de jouer avec ce requin et venez goûter.**

  Children ! Stop playing with that shark and come eat your lunch.

- **Maintenant, vous allez déterrer votre grand-père car c'est lui qui a les clefs de la voiture et il faut rentrer.**

  Come on, now, it's time to go. You have to dig up grandfather. He is the one with the keys.

- **Qui a caché le monokini de grand-mère ?**

  Who hid grandmother's bottom ?

- **Crois-tu qu'il est bien utile de terminer chaque leçon de natation par un cours de bouche-à-bouche avec le maître nageur ?**

  Do you really think it's necessary to end every swimming lesson by doing mouth to mouth resuscitation with the lifeguard ?

- **J'adore cette plage parce que même quand il fait froid on peut se chauffer au mazout.**

  I love this beach. Even when it's cold you can use the oil from the slicks to get warm.

VOCABULAIRE

Embruns = Sea spray
Vent arrière = Rear wind
Parasol = Beach umbrella
Écume = Foam
Goémon = Wrack
Soutien-gorge = Bra
Méduse = Jellyfish
Bronzer = To get a tan
Crête = Crest
Galet = Pebble
Crevette = Prawn
Dune = Dune

A LA BANQUE
AT THE BANK

- **Que personne ne bouge ! Les mains en l'air...**

  Nobody move ! Stick'em up...

- **Ce serait pour changer des faux billets, c'est quel guichet ?**

  Excuse me, which window deals in counterfeit bills ?

- **J'ai apporté des bouteilles vides car je souhaiterais de l'argent liquide.**

  I brought empty bottles to take care of a cash flow problem...

- **Je m'appelle Spaggiari, avec 2 « g » s'il vous plaît. Suis-je à découvert ?**

  My name is Spaggiari with 2 "g's". Am I overdrawn ?

- **11-43 ? Ce n'est pas le montant du taux de prêt mais le calibre de mon revolver.**

  11-43 ? It's not the interest rate on my loan, it's the calibre of my revolver.

VOCABULAIRE

Spéculer = To speculate
Coffre-fort = Safe
Chèque = Cheque
Escompte = Discount
Crédit = Credit
Débiteur = Debtor
Épargne = Savings
Faillite = Bankruptcy
Créancier = Creditor
Caissier = Cashier
Action = Share
Obligation = Bond

A L'ÉGLISE
AT CHURCH

- **Où se trouve la zone non-fumeurs car je ne supporte pas l'encens ?**

  Where's the non-smoking section ? I can't bear incense.

- **Monsieur le sacristain, je n'ai qu'un franc pour la quête, pouvez-vous me rendre la monnaie ?**

  I only have one franc for the collection plate. Could you please give me back some change ?

- **Veuillez laisser, je vous prie, ce confessionnal dans l'état dans lequel vous souhaiteriez le trouver en entrant.**

  Please leave this confessional as clean as you found it upon arriving.

- **Le vin de messe nouveau est-il arrivé ?**

  Is the "vin de messe nouveau" out yet ?

- **Le prédicateur a décidé de ne pas monter en chaire car c'est une messe basse.**

  It's a low mass, so the preacher has decided not to speak from the pulpit.

VOCABULAIRE

Clef de voûte = Keystone
Arc-boutant = Flying buttress
Bigot = Holier-than-thou
Nef = Nave
Bénitier = Stoup
Voussure = Arch
Vicaire = Curate
Abside = Apse
Flèche = Spire
Clocher = Bell tower
Tronc = Collection box
Diocèse = Diocese

EN AVION
ON AN AIRPLANE

- **Auriez-vous l'amabilité d'ouvrir un peu votre hublot ? Je crève de chaud.**

  It's so hot in here. Would you mind opening your window a bit ?

- **Oui mon chéri, on va faire du toboggan ! Dépêche-toi et laisse ton seau et ta pelle mais prends ta bouée.**

  Yes, dear, we are going on the slide ! Hurry up now. Leave your pail and shovel, but don't forget the life belt.

- **Ces stewards ont de jolis uniformes kaki mais je n'aime pas leurs cagoules noires.**

  These stewards have such pretty khaki uniforms, but I am not very fond of their black facemasks.

- **Si le pilote continue à faire des loopings, je vais exiger de lui faire souffler dans le ballon.**

  If the pilot keeps on making these loops, I'm going to demand that he take the alcohol test.

- **OK pour atterrir dans les Andes... mais pas question de manger mon voisin, je suis végétarien.**

  It's OK by me if we land in the Andes, but I refuse to eat my neighbour. I'm a vegetarian.

VOCABULAIRE

Catastrophe aérienne = Plane crash
Survivant = Survivor
Détournement = Hijacking
Décollage = Takeoff
Anémomachmètre = Mach and speed indicator
Arbre turbine compresseur = Turbine compressor shaft
Chariot à bagage = Baggage cart
Trou d'air = Air pocket
Instruments de vol = Flying instruments
Boutique hors taxe = Duty free shop
Cumulo-nimbus = Cumulonimbus
Décalage horaire = Jet lag

A L'OPÉRA
AT THE OPERA

- **Pardon, madame l'ouvreuse, pouvez-vous m'aider à sortir de la baignoire pour me mener aux lavabos ?**

  (Speaking to the usherette) : Excuse me, Miss, can you help me get out of the stalls and show me the way to the conveniences ?

- **A quelle heure se termine la *Symphonie inachevée* ?**

  What time does the *Unfinished Symphony* end ?

- **Le chanteur fait tellement de canards qu'il devrait se réfugier au poulailler.**

  That singer has hit too many false notes. Send him to the peanut gallery !

- **Si c'était pour danser la *Carmagnole*, c'était pas la peine de mettre un tutu.**

  There's no point in putting on a tutu if you're only going to do folk dancing.

- **Le chef d'orchestre est japonais et c'est pour cela qu'il dirige avec une fourchette.**

  The conductor lost his baton when the orchestra went on strike. That's why the musicians were "Gone with the Wand" !

VOCABULAIRE

Coulisses = Wings
Pupitre = Music stand
Baryton = Baritone
Blanche = Half note
Chef d'orchestre = Conductor
Triple croche = Demi-semiquaver
Corpulent = Stout
Bémol = Flat
Diva = Diva
Rideau = Curtain
Décor = Scenery
Loge = Box

CHEZ LE POLITICIEN
WITH A POLITICIAN

- **Où puis-je, je vous prie, faire blanchir mon argent ?**

  Excuse me, but do you know where I can have my money laundered ?

- **Je ne veux pas vous déranger, je viens juste chercher mon vrai faux passeport.**

  I hope I'm not disturbing you. I've just come to pick up my authentic false passport.

- **Madame le Ministre, je trouve que vous avez de très beaux avantages en nature.**

  (Speaking to a female Cabinet Minister). Madam, you have some very fringe benefits.

- **Je ne pratique pas la langue de Shakespeare, mais je me débrouille assez bien avec la langue de bois.**

  I can't speak French, but I'm quite fluent in double talk.

- **J'ai une vie très saine avec de rares abus à l'exception des abus de biens sociaux.**

  I'm into clean living, except where fraudulent misuse of funds is concerned.

VOCABULAIRE

Découpage électoral = Warding
Retourner sa veste = To turn one's coat
Prendre une veste = To come a cropper
Pot-de-vin = Bribe
Frauduleux = Fraudulent
Circonscription = Constituency
Sang contaminé = Infected blood
Corruption = Corruption
Écoute téléphonique = Wiretapping
Démagogie = Demagogy
Financement des partis = Party financing
Immunité parlementaire = Parliamentary immunity

DANS UN PHARE
IN A LIGHTHOUSE

- **Baisse un peu l'abat-jour... j'ai mal aux yeux.**

  Lower the shade a bit... my eyes hurt.

- **Les enfants, ce n'est pas de ma faute si vous ne pouvez pas jouer aux quatre coins.**

  It isn't my fault if you can't play "four corners", children.

- **Arrête de tourner en rond ! A force de te regarder, j'ai la tête qui tourne.**

  Stop going round in circles ! My head is spinning from watching you.

- **J'en ai marre ! C'est toujours moi qui raccompagne la baby-sitter...**

  I've had it ! I'm always the one who has to take the babysitter home.

- **N'oubliez pas d'éteindre en partant.**

  Don't forget to turn out the light as you leave.

VOCABULAIRE

Golfe = Gulf
Épave = Wreck
Bouée = Buoy
Mouette = Sea gull
Boussole = Compass
Bâbord = Port
Crique = Cove
Roulis = Rolling
Arc-en-ciel = Rainbow
Chaloupe = Launch
Tempête = Storm
Bras de mer = Inlet

CHEZ LE VÉTÉRINAIRE
AT THE VETERINARIAN'S

- **C'est pour mon crapaud. Il a de l'acné...**

  It's for my toad. He's got acne...

- **Pourriez-vous piquer mon abeille car je crains, hélas ! qu'elle ne soit incurable ?**

  Could you please put my bee out of its misery. It's an incurable stinger.

- **Mon caméléon est épuisé car il vient de tomber sur une couverture écossaise...**

  My chameleon is exhausted after falling on a farfan blanket.

- **Ma vache, depuis qu'elle vit en appartement, se plaint de ne plus entendre de cloches. Que dois-je faire ?**

  Since living in an apartment, my cow has been complaining about not hearing any bells ringing. What should I do ?

- **Mon héron a des varices et mon perroquet bégaie... vous pouvez faire quelque chose ?**

  My heron has varicose veins and my parrot stutters. Is there anything you can do ?

VOCABULAIRE

Hippopotame = Hippopotamus
Congre = Conger eel
Tamanoir = Great anteater
Luciole = Firefly
Frelon = Hornet
Teckel = Dachshund
Bigorneau = Winkle
Mérou = Grouper
Chauve-souris = Bat
Limande = Dab
Canard = Duck
Cigogne = Stork

AU PARADIS
IN PARADISE

- **Excusez-moi, je suis gaucher, où se trouve la droite du Seigneur ?**

  Excuse me, but I'm left-handed. Where's the right hand of God ?

- **Où puis-je faire nettoyer mon auréole ?**

  Where can I get my halo cleaned ?

- **A quelle heure passe le prochain nuage ? J'ai une course à faire.**

  I have some errands to do. When is the next cloud scheduled to float by ?

- **J'apprécie beaucoup votre groupe de pop music, les Gregorians.**

  I really like your pop music group, the Gregorians.

- **Non merci, monsieur le serpent, je ne veux pas de pomme car je ne prends jamais de dessert.**

  (Speaking to a snake) : No thank you, Sir, I don't care for an apple. I never eat dessert.

VOCABULAIRE

Éternel = Eternal

Céleste = Heavenly

Enfer = Hell

Zénith = Zenith

Diable = Devil

Créateur = Creator

Ange = Angel

Seigneur = Lord

Cirro-stratus = Cirrostratus

Ciel = Heaven

Divin = Divine

Galaxie = Galaxy

CHEZ LE NATIONAL SOCIALISTE
AT THE NATIONAL SOCIALIST'S

- **Dois-je garder mes bottes ou dois-je les laisser à l'entrée ?**

  May I keep my boots on or should I leave them at the door ?

- **Oh ! Votre chemise est bien plus noire que la mienne !**

  Oh, look ! Your shirt is so much blacker than mine !

- **Non merci, je ne danse pas « la danse des canards », je préfère « le pas de l'oie ».**

  No thank you, I don't do the "Bunny Hop". I prefer the "Goose step".

- **Les petits fours étaient excellents... On voit que votre épouse ne cuisine qu'au gaz...**

  Those "petits fours" were delicious. I can see your wife only cooks with gas.

- **Laissez-moi, je vous prie, vous raccompagner jusqu'à la frontière.**

  Please allow me to show you to the border.

VOCABULAIRE

Race = Race
Affichage sauvage = Illegal billposting
Croix gammée = Swastika
Mosquée = Mosque
Camp de concentration = Concentration camp
Mirador = Mirador
Aryen = Aryan
Treillis = Fatigues
Rangers = Combat boots
Culasse = Breech
Matraque = Truncheon
Moustache = Moustache

SUR LA LUNE
ON THE MOON

- **Faut-il changer de combinaison pour le dîner ?**

  Do I have to put on a new spacesuit for dinner ?

- **Vous avez des croissants ?**

  Do you have any crescent rolls ?

- **Où se trouve le syndicat d'initiative ?**

  Where is the tourist information bureau ?

- **A quelle heure s'envoie-t-on en l'air ?**

  When can we send each other into orbit ?

- **Cette soirée au clair de terre est vraiment romantique.**

  What a romantic evening under the earthlight !

VOCABULAIRE

Mésosphère = Mesosphere
Cratère = Crater
Apesanteur = Weightlessness
Éclipse = Eclipse
Lune rousse = April moon
Nébuleuse = Nebula
Astrologie = Astrology
Orbite = Orbit
Observatoire = Observatory
Navette spatiale = Space shuttle
Fusée à propergol liquide = Solid rocket booster
Réflecteur de réservoir d'origine liquide = Lox tank baffler

AUX POMPES FUNÈBRES
AT A FUNERAL PARLOUR

- **Bonjour, je voudrais votre catalogue printemps-été.**

  Hello. I'd like your Spring/Summer catalogue, please.

- **Puis-je essayer vos cercueils en bois des îles ?**

  Could I try one of your coffins in exotic wood ?

- **Je souhaiterais un matelas plus dur et un oreiller plus mou.**

  I'd like a harder mattress and a softer pillow.

- **Bien que je ne sois pas très chaud pour la crémation, montrez-moi quand même vos urnes funéraires.**

  I'm not too hot on the idea of being cremated, but show me some of your funeral urns anyway.

- **Je ne trouve pas que les couleurs soient très gaies ; sont-elles consignées ?**

  Are the urns returnable ? I don't find the colours very cheery.

VOCABULAIRE

Pierre tombale = Tombstone
Épitaphe = Epitaph
Trépasser = To pass away
Caveau = Vault
Cadavre = Corpse
Chrysanthème = Chrysanthemum
Corbillard = Hearse
Héritage = Inheritance
Chagrin = Sorrow
Défunt = Deceased
Couronne = Wreath
Obsèques = Funeral
Chêne = Oak

A LA BOUCHERIE
AT THE BUTCHER'S

- **Excusez-moi, madame la bouchère, mais je dois vous signaler que votre poitrine avait un drôle de goût.**

(Speaking to the butcher's wife) : Excuse me, but I must tell you how strange your breast tasted.

- **Je crois que je vais essayer votre culotte.**

I think I'll try your rump.

- **Je vois que vous avez deux jolis pieds de cochon. Combien coûtent-ils ?**

  I see you have two nice pig's feet. How much are they ?

- **Donnez-moi 2 kg de palette, c'est pour mon beau-frère : il est peintre.**

  I'd like 2 kilos of shoulder. I need something to cry on.

- **Bonjour, monsieur le boucher, je crois que je vais prendre vos deux oreilles et votre queue.**

  (Speaking to the butcher) : Good morning, I'd like those two ears and that tail you've got, please.

VOCABULAIRE

Contre-filet = Sirloin
Réfrigérer = To refrigerate
Haut de côtes = Chuck short rib
Fusil = Sharpening steel
Jambonneau = Rock
Couteau à désosser = Boning knife
Billot = Block
Hachis = Mince
Saignant = Rare
Jarret = Shank
Cervelle = Brains
Caissière = Cashier

DANS UN AVION DE COMBAT
IN A COMBAT AIRCRAFT

- **Pourrais-je être ravitaillé en vol car je n'ai pas déjeuné ?**

  Could I be refuelled in flight since I had no lunch ?

- **Après 22 h on est prié de ne plus dépasser la vitesse du son.**

  After 10 p.m. you are asked not to go beyond the speed of sound.

- **Il y a quand même une grosse différence avec le vol à voile.**

  There is quite a big difference between this and gliding.

- **Où sont les toilettes ? Je ne me sens pas bien.**

  Where is the toilet ? I don't feel well.

- **J'ai dû confondre la poignée du signal d'alarme avec celle du siège éjectable car je ne comprends pas ce que je fais dans votre champ.**

  I can't understand what I'm doing here in your field. I must have pressed the button marked "Ejector Seat" instead of "Emergency".

VOCABULAIRE

Rail de lancement de missiles =Missile launch rail

Pare-brise = Windscreen

Verrière = Canopy

Volet de courbure = Flap

Caisson de voilure = Wing box

Réacteur = Jet engine

Aérofrein = Air brake

Tuyère = Exhaust nozzle

Stabilisateur = Stabiliser

Vérin de commande de volet = Flap hydraulic jack

Crosse d'appontage = Arrester hook

Perche de ravitaillement = In-flight refuelling probe

JE VAIS A LOURDES
GOING TO LOURDES

- **Je cherche le maître nageur, c'est pour la piscine.**

  I'm looking for the lifeguard. He must be at the pool.

- **A quelle heure est le prochain miracle, s'il vous plaît ?**

  When is the next miracle scheduled, please ?

- **Non merci, je ne bois que de l'eau pétillante... Je la digère mieux.**

  No thank you, I only drink bubbly water... It goes down better.

- **Je pense qu'il doit y avoir un anniversaire car je n'ai jamais vu autant de bougies.**

  It must be someone's birthday. I've never seen so many candles in all my life.

- **Vous n'auriez pas une bombe anti-crevaison ? j'ai encore crevé avec ma chaise.**

  You wouldn't happen to have a tyre repair kit, would you ? My wheelchair has got a puncture again.

VOCABULAIRE

Béquille commune = Underarm crutch
Béquille canadienne = Canadian crutch
Béquille d'avant-bras = Forearm crutch
Sclérose en plaques = Multiple sclerosis
Brancardier = Stretcher-bearer

Vomir = To vomit
Grotte = Grotto
Variqueux = Varicose
Procession = Procession
Canne tripode = Tripod cane
Gangrène = Gangrene
Guérison = Recovery

EN PRISON
IN PRISON

- **Où se trouve le parloir, car j'ai un rendez-vous important avec un as du barreau ?**

  Where's the visiting room please ? I have an important meeting with a top lawyer.

- **Garçon ? Ce potage est froid, soyez assez aimable pour le renvoyer aux cuisines et le faire réchauffer.**

  Waiter, this soup is cold. Would you please be so kind as to send it back to the kitchen and have it warmed up ?

- **Je ne supporte pas les rayures. Pourrais-je avoir un autre pyjama ?**

  I loathe stripes. Do you think I could have another pair of pyjamas ?

- **C'est à vous cette clef ?**

  Does this key belong to you ?

- **Je dois vous laisser car je crois que mon hélicoptère m'attend.**

  I have to run. My helicopter's waiting.

VOCABULAIRE

Suicide = Suicide

Pendaison = Hanging

Lime = File

Injustice = Injustice

Revolver = Gun

Plaidoirie = Defence speech

Chaise électrique = Electric chair

Sursis = Suspended sentence

Évasion = Escape

Mur = Wall

Otage = Hostage

Gardien = Guard

VOCABULAIRE

A L'HÔTEL
AT THE HOTEL

• **la salle de bains** : the bathroom

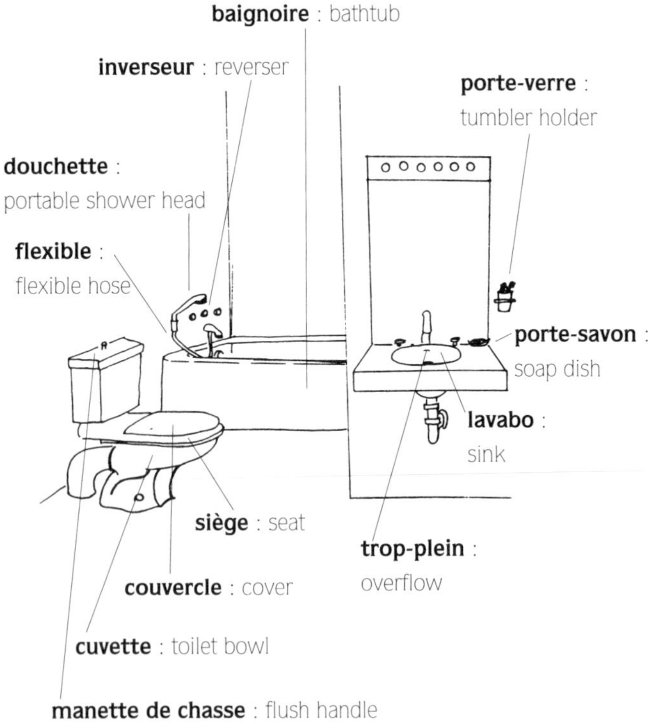

- **cintre** : coat hanger

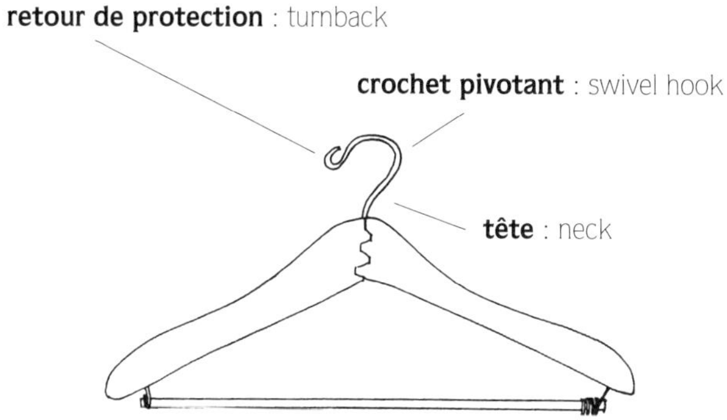

- **literie** : bedding

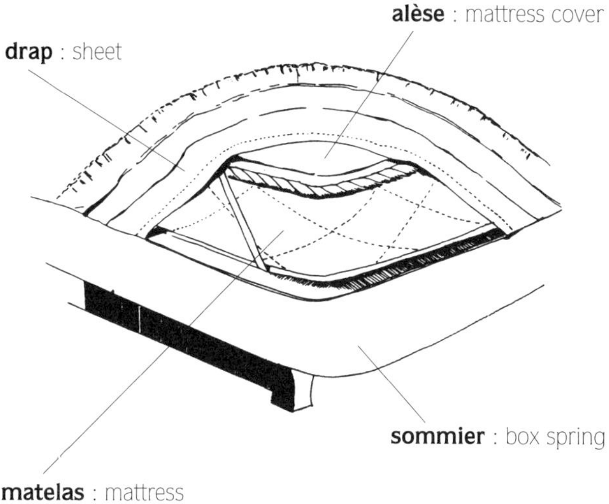

L'INTELLECTUEL
THE INTELLECTUAL

- **chemise** : shirt

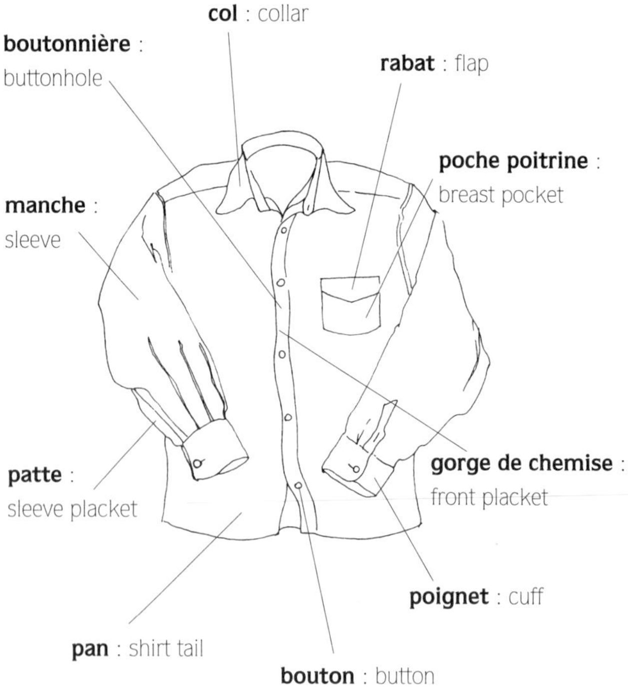

cause humanitaire : humanitarian cause

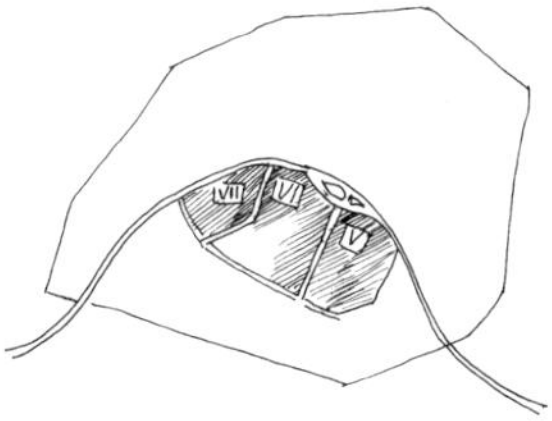

rive gauche : left bank

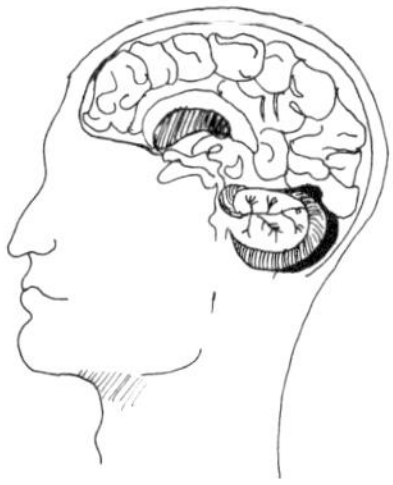

cerveau : brain

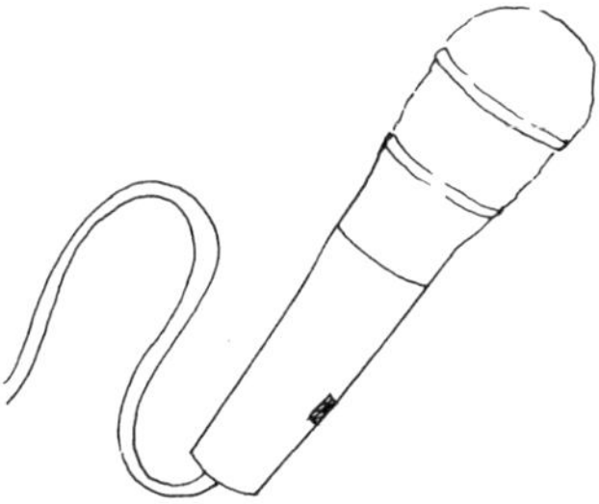

médias : media

le prix littéraire : the literary prize

égérie : egeria

DÉFENSE NATIONALE
NATIONAL DEFENCE

- **grenade à main :** hand grenade

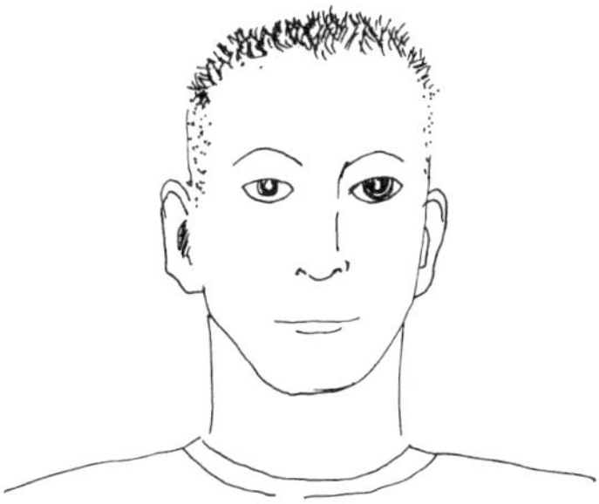

coupe de cheveux : haircut

casque : helmet

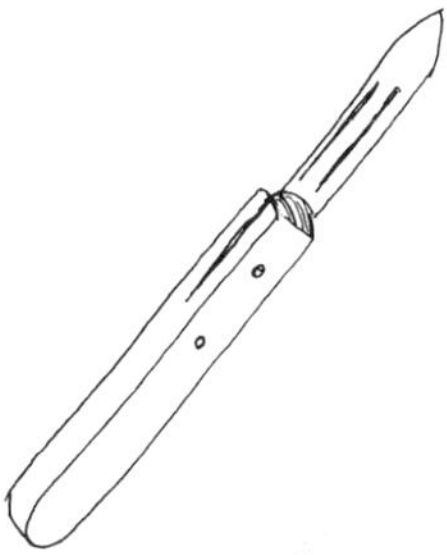

couteau à éplucher : peeler

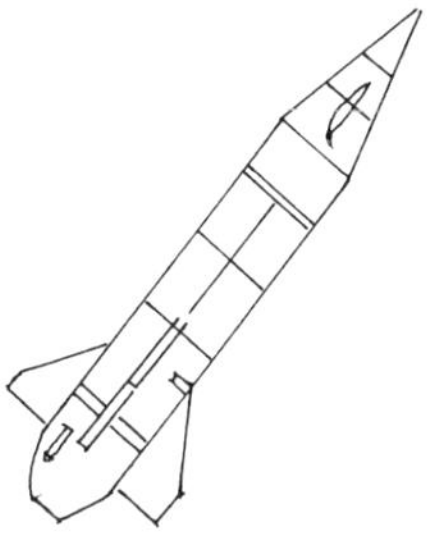

missile sol-air :
ground to air missile

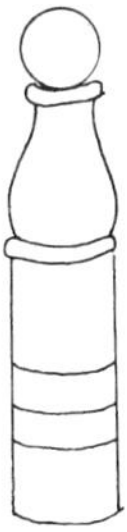

quille : demob

colombe : dove

A LA FERME
ON THE FARM

- **poule** : hen

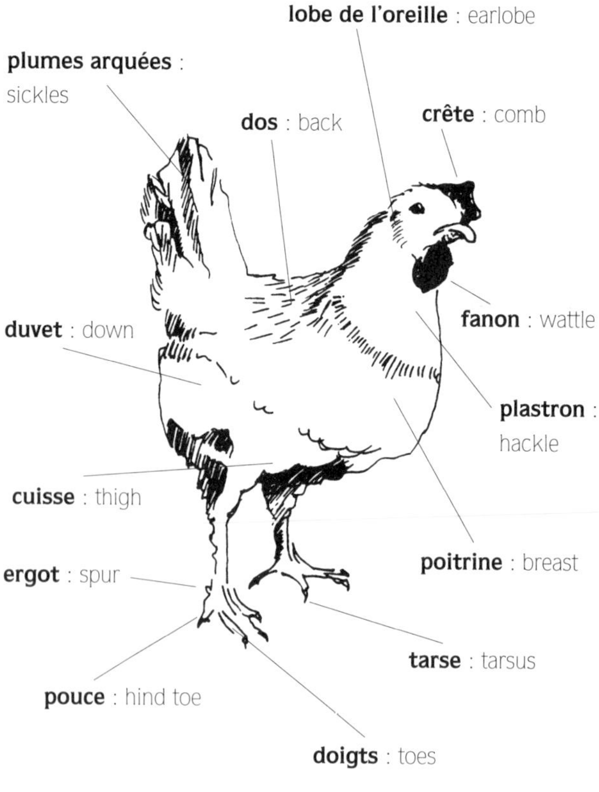

tas de fumier : manure heap

ordinateur : computer

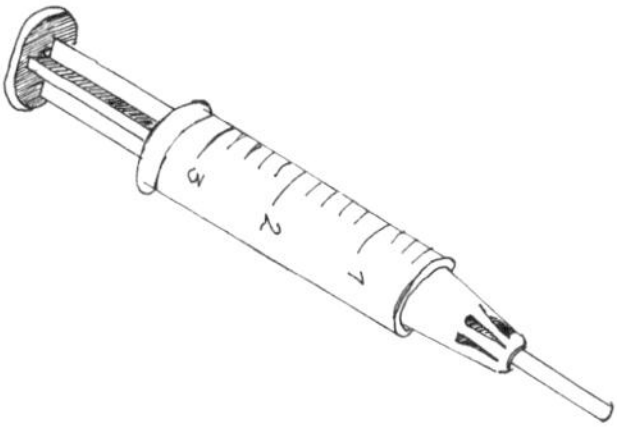

insémination : insemination

fourche : spading fork

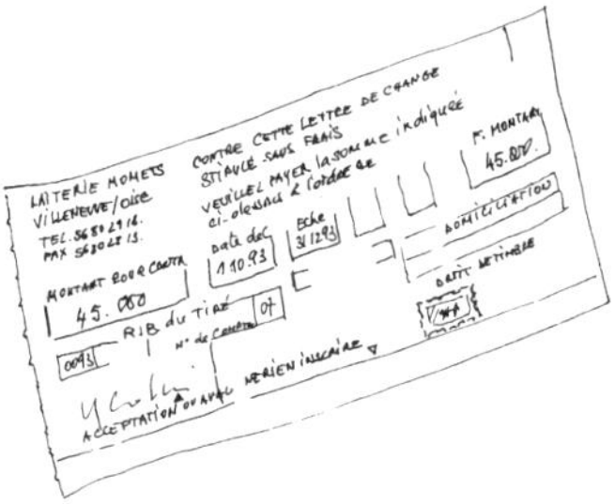

traite : letter of credit

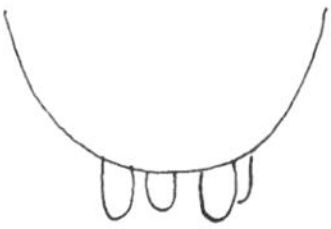

traite : milking

LA RETRAITE
RETIREMENT

- **établi** : workbench

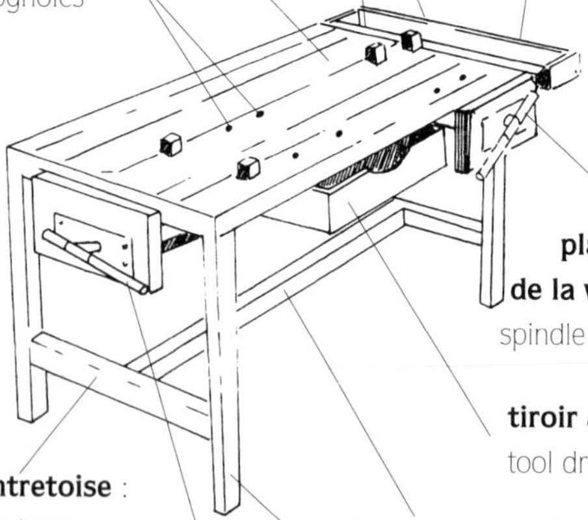

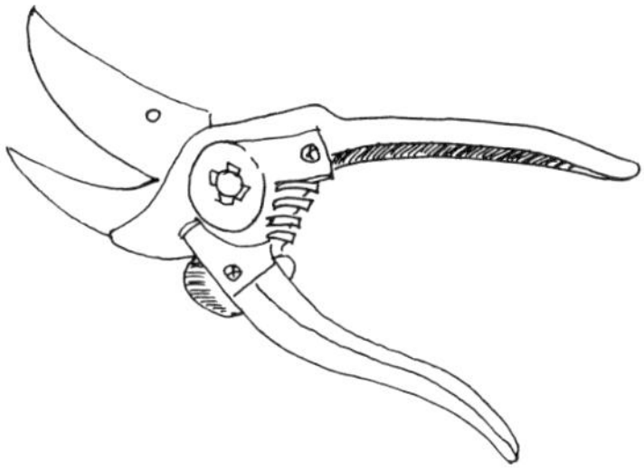

sécateur : pruning shears

télévision : television

ours en peluche : teddy bear

hameçon : hook

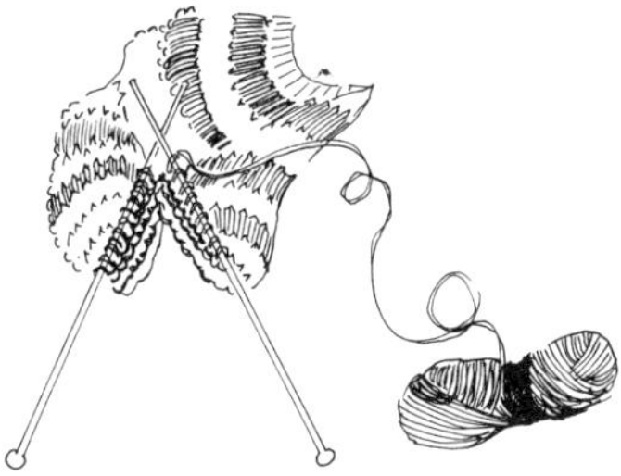

tricot : knitting

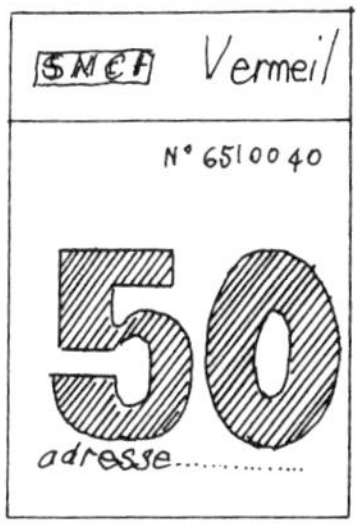

carte de réduction :
senior citizen's rail pass

NOËL
CHRISTMAS

- **huître** : oyster

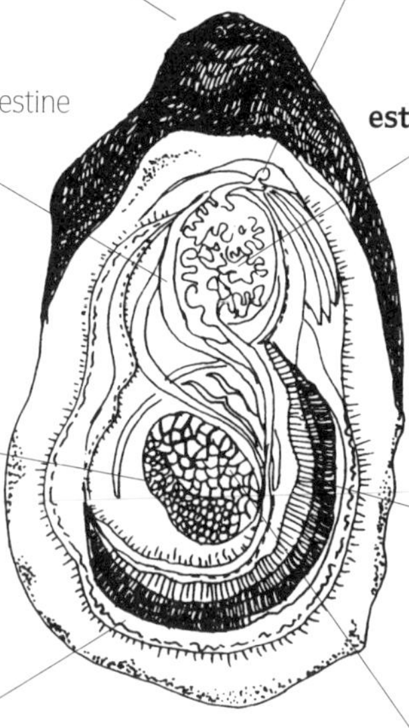

cadeau : gift

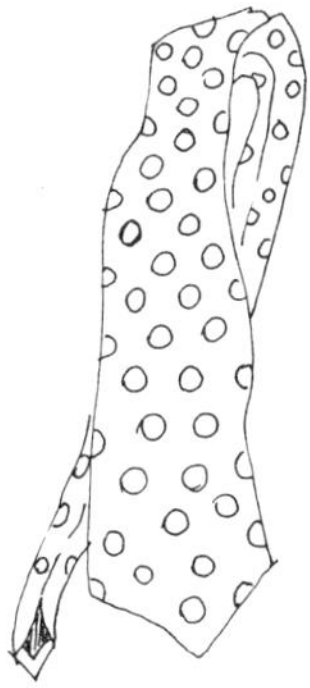

cadeau : gift

bûche : log

boules : bowls

l'achat des cadeaux :
buying the gifts

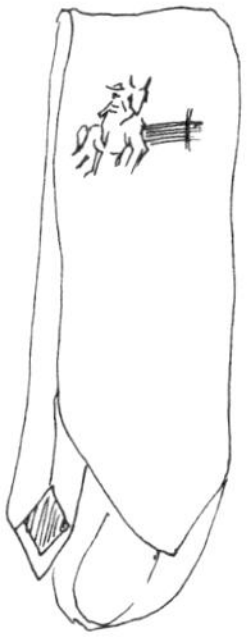

cadeau : gift

LA MUSIQUE
MUSIC

- **métronome** : metronome

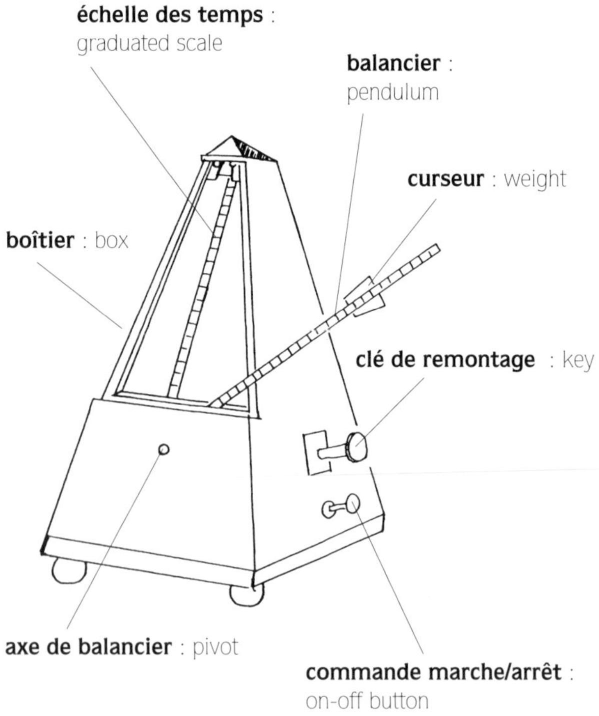

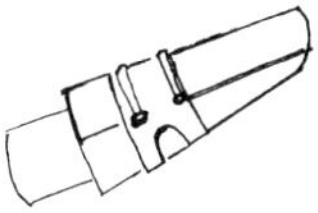

anche : reed

archet : bow

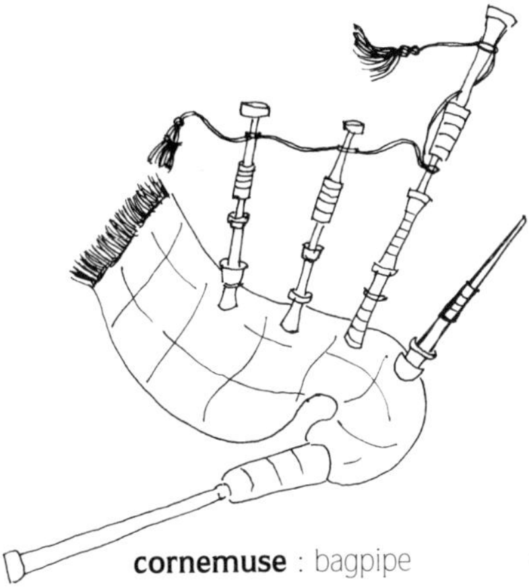

cornemuse : bagpipe

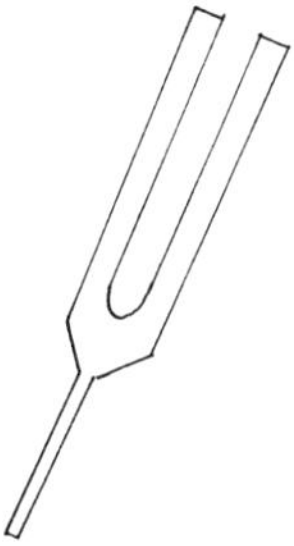

diapason : tuning fork

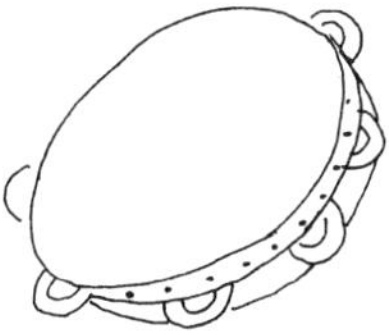

tambourin : tambourine

note : note

A LA MAISON
AT HOME

- **pince à linge** : clothes pin

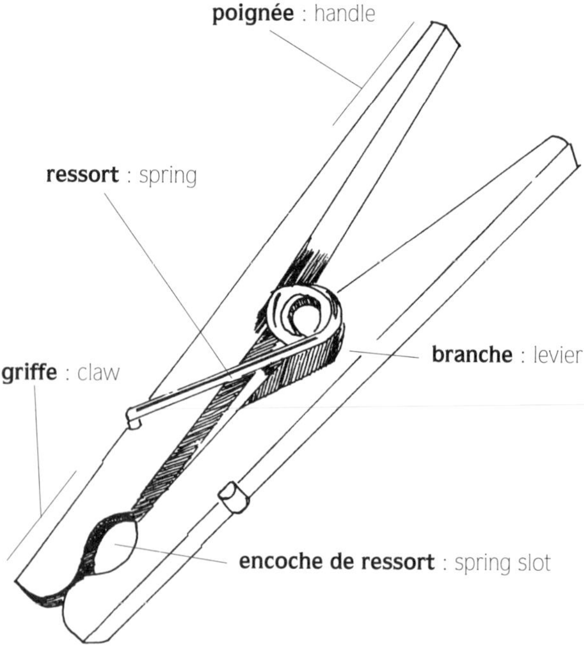

lit à baldaquin : canopy bed

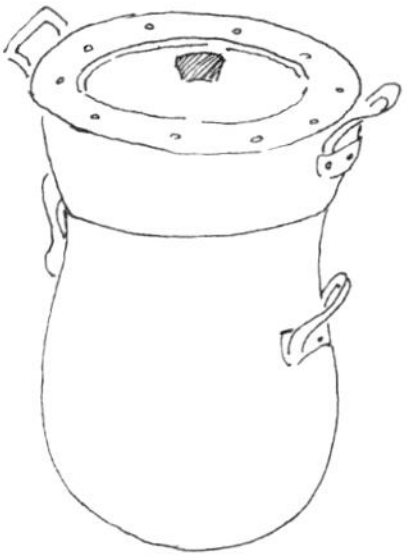

couscoussier : couscous pot

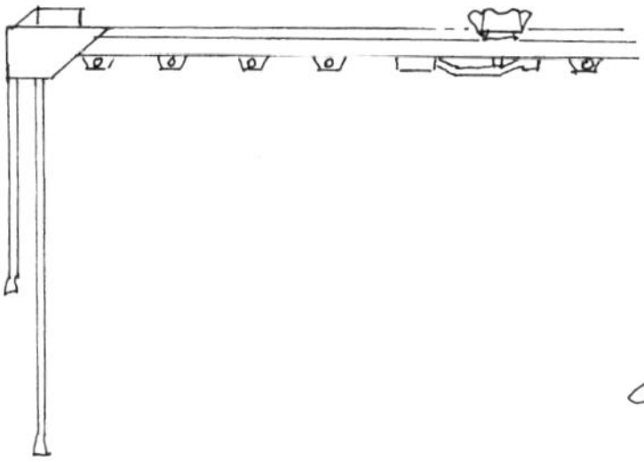

tringle à rideaux : curtain rod

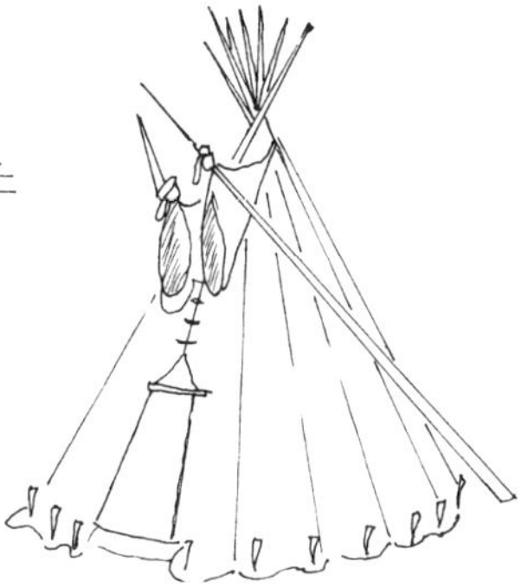

tipi : tepee

pont-levis : drawbridge

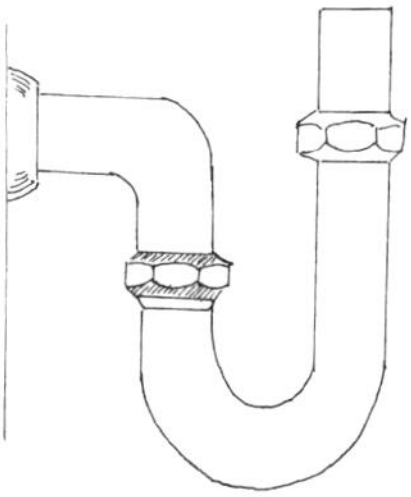

siphon : siphon

CAMPING
TO GO CAMPING

- **couteau suisse** : Swiss knife

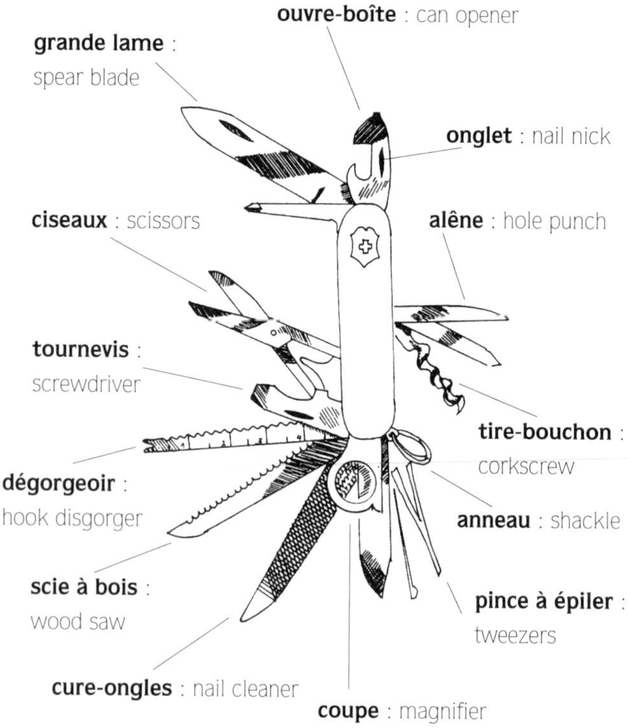

nœud plat : reef knot

gonfleur : air pump

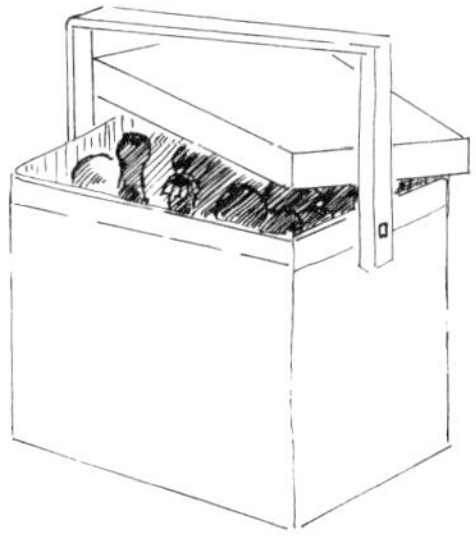

glacière : icebox

caravane : trailer

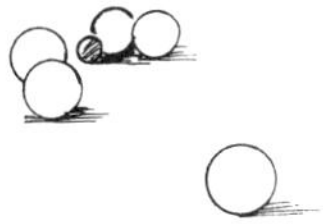

boules : bowls

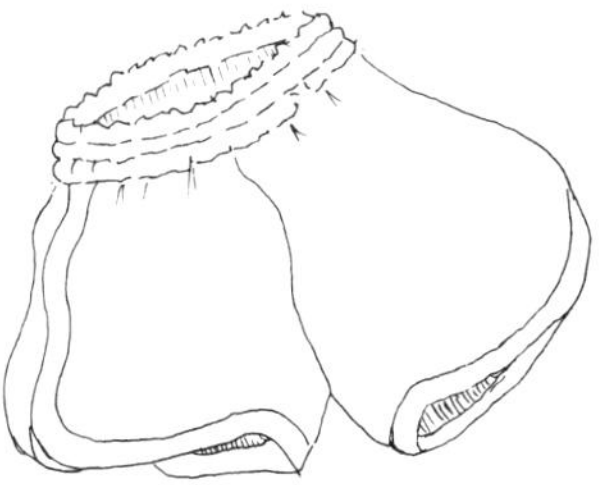

short : shorts

LA CIRCULATION
TRAFFIC

- **autoroute** : highway

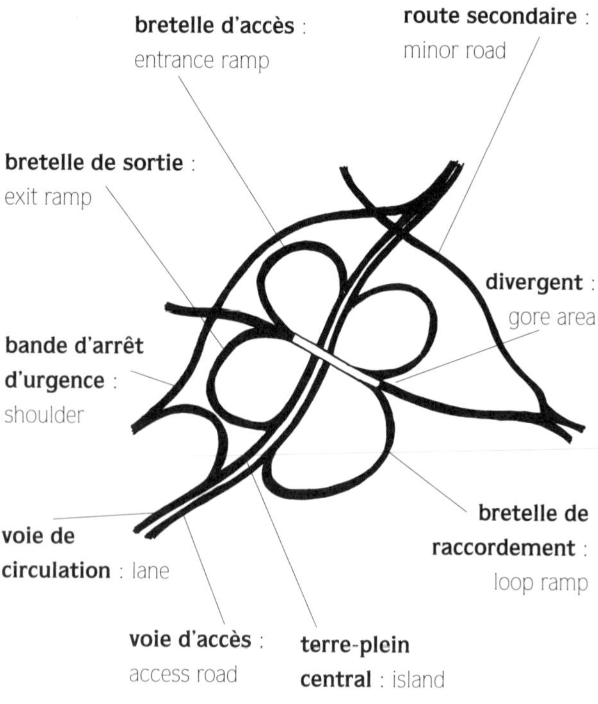

rétroviseur : rear view minor

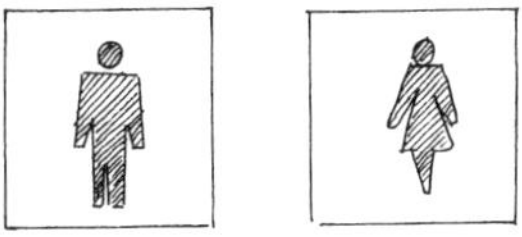

aire de repos : rest area

alcootest : breathlyser

crevaison : puncture

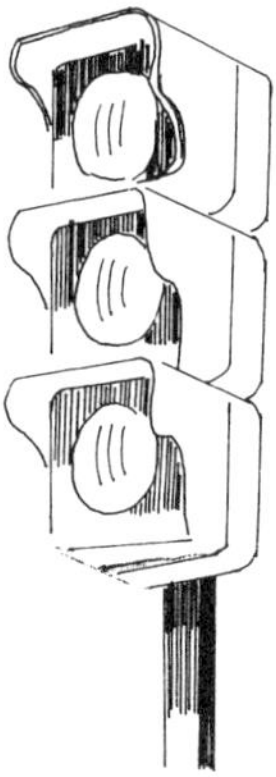

feux de signalisation : traffic lights

vis platinées : contact points

LE LYCÉEN
HIGH SCHOOL STUDENT

- **guitare électrique** : electric guitar

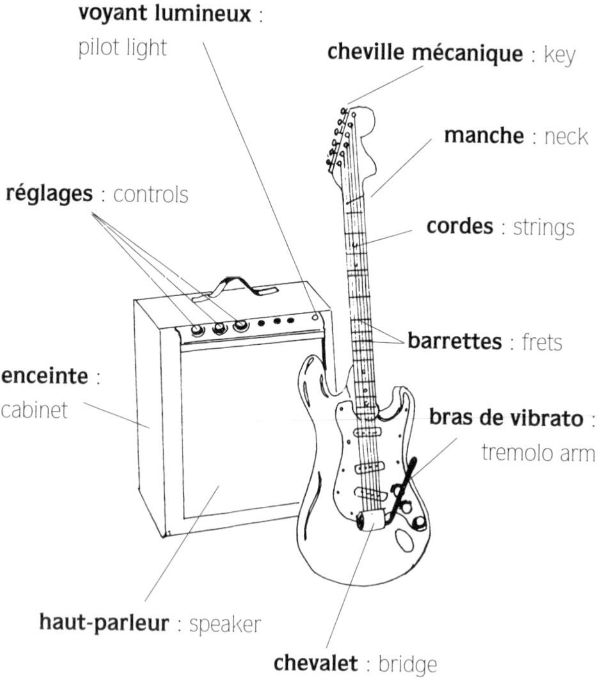

moto : motorbike

tableau noir : blackboard

idole : idol

acné : acne

préservatif : condom

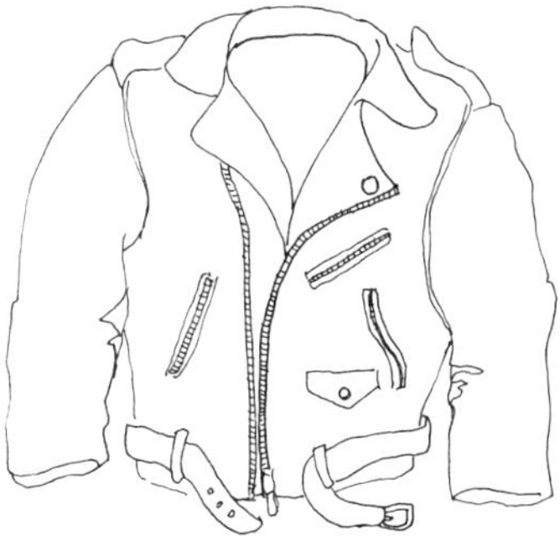

Perfecto : Perfecto

A LA CHASSE
TO GO HUNTING

- **carabine** : rifle

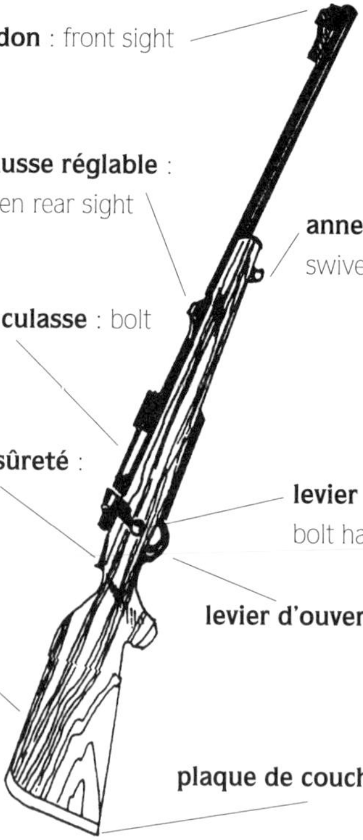

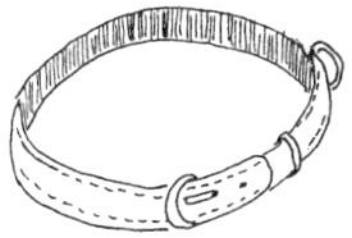

collier : collar

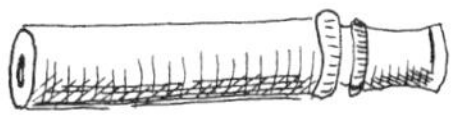

appeau : bird call

accident : accident

passage d'animaux sauvages : deer crossing

civet : stew

botte : boot

L'ÉNERGIE
ENERGY

- **moulin à vent** : windmill

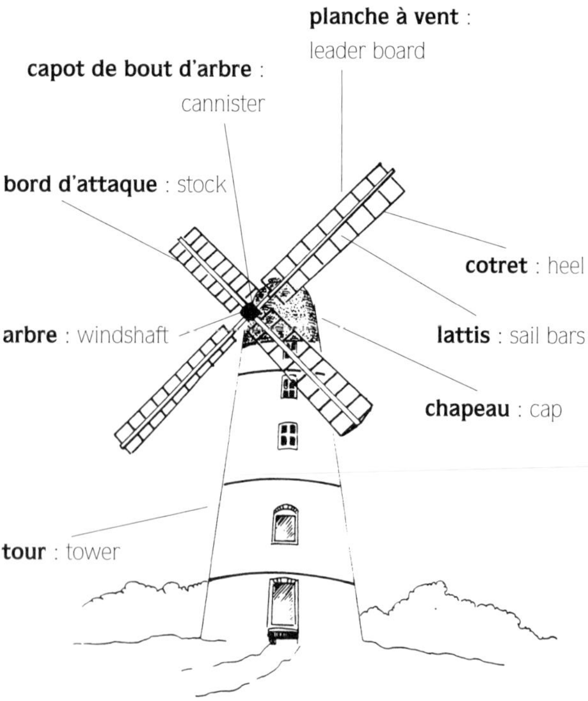

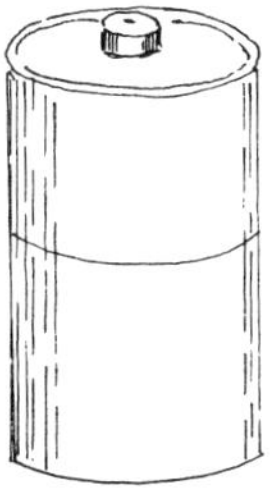

pile : battery

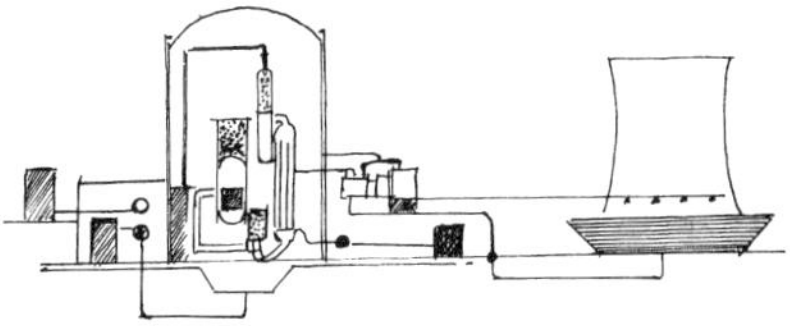

surgénérateur :
nuclear power reactor

écologiste : ecologist

soleil : sun

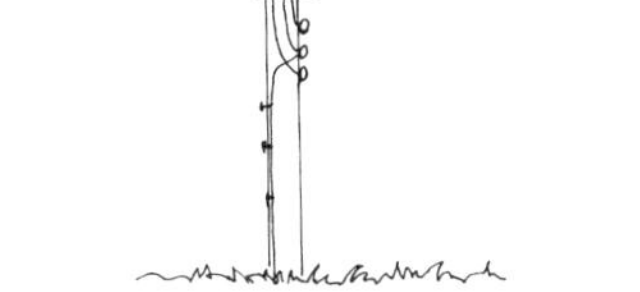

poteau électrique :
electric post

rasoir électrique :
electric shaver

AU SUPERMARCHÉ
AT THE SUPERMARKET

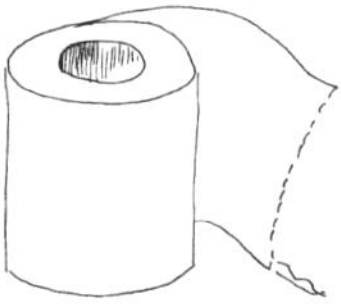

papier toilette : toilet paper

caisse : cash register

lait : milk

code barre : bar code

sac plastique : plastic bag

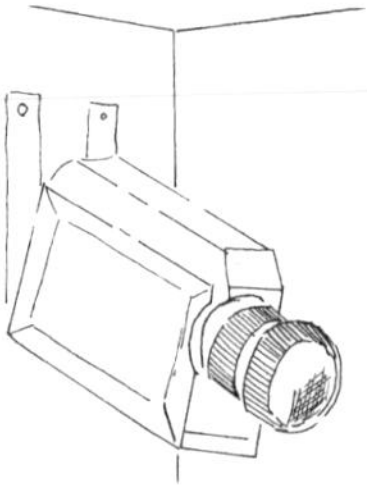

surveillance vidéo : video supervision

crevettes surgelées : frozen prawns

boîte d'ananas : pineapple can

escargots surgelés : frozen snails

boîte de haricots verts : French beans can

épinards en branches surgelés : frozen boiled spinach

boîte de tomates : canned tomatoes

CHEZ L'ANTIQUAIRE
AT THE ANTIQUE DEALER'S

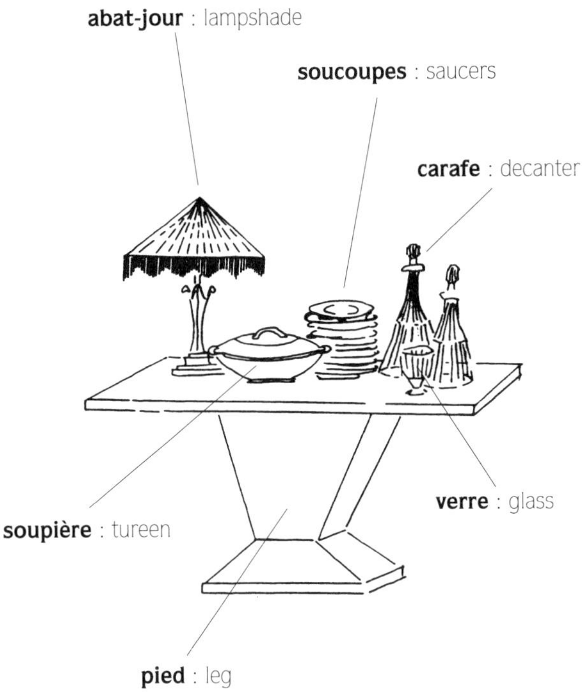
abat-jour : lampshade
soucoupes : saucers
carafe : decanter
verre : glass
soupière : tureen
pied : leg

CHÈRE FAMILLE
BELOVED FAMILY

grand-père : grandfather

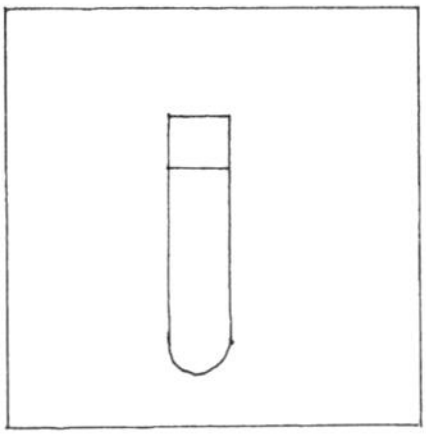

fécondation in vitro : test tube baby

belle-mère : mother-in-law

père présumé : supposed father

pension alimentaire : alimony

enfant du 1er lit : child from first marriage

beau-frère : brother-in-law

gendre : son-in-law

enfant du 2e lit :
child from second marriage

belle-fille : daughter-in-law

concubin notoire :
concubine

arrière-grand-mère :
great-grandmother

L'ADMINISTRATION
THE ADMINISTRATION

- **bureau** : desk

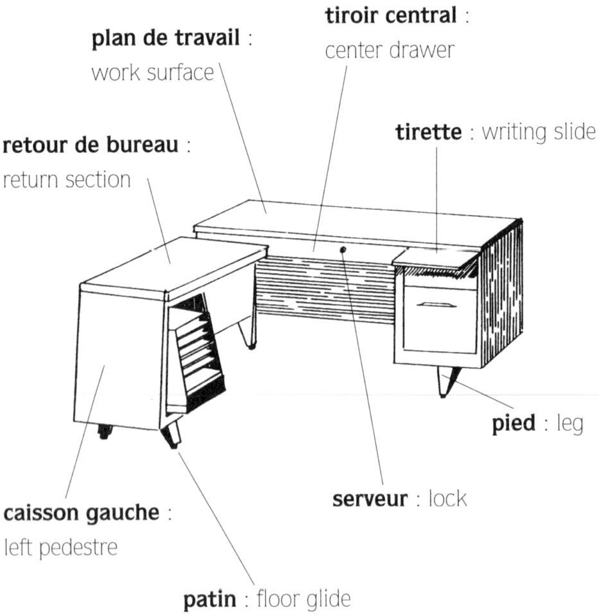

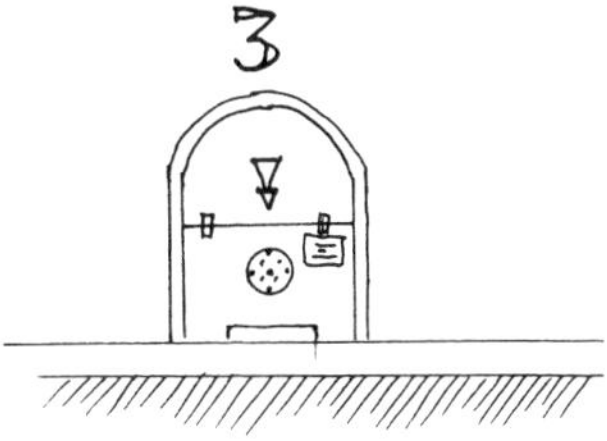

guichet : counter

magazine féminin : women's magazine

plante verte : plant

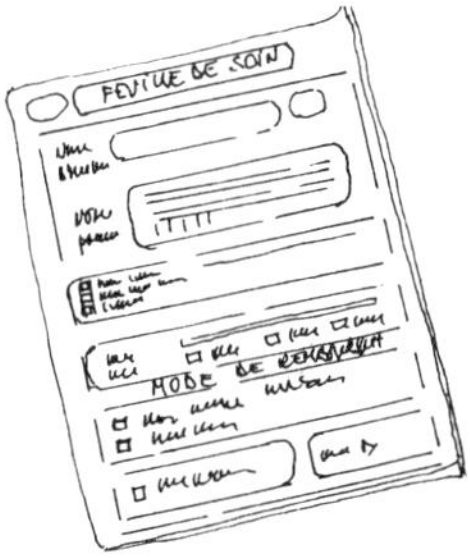

formulaire administratif : administrative form

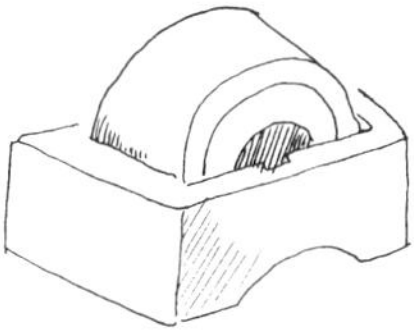

mouilleur : moistener

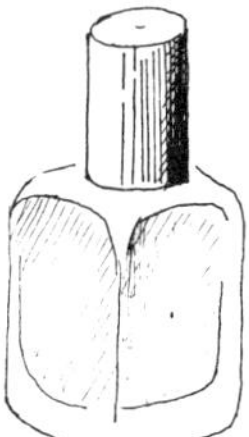

vernis à ongles : nail polish

AU CAFÉ
AT THE CAFÉ

- **consommateur** : customer

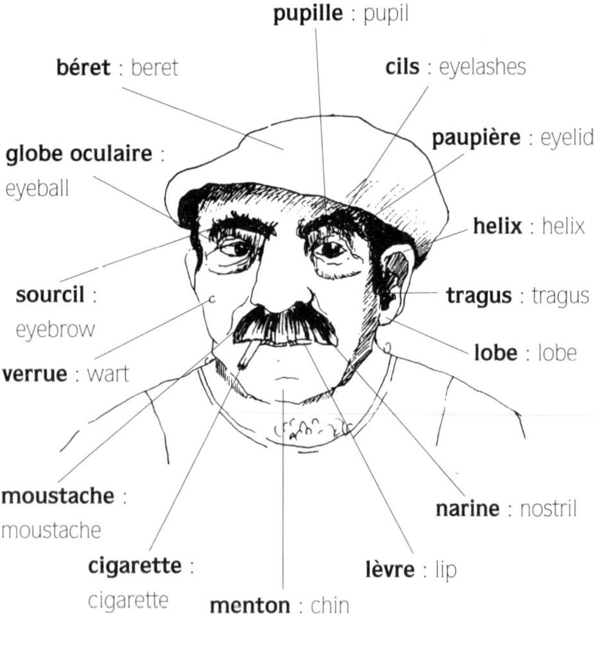

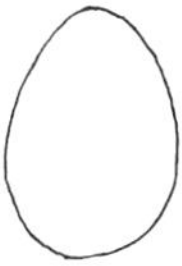

œuf dur : hard-boiled egg

cartes : cards

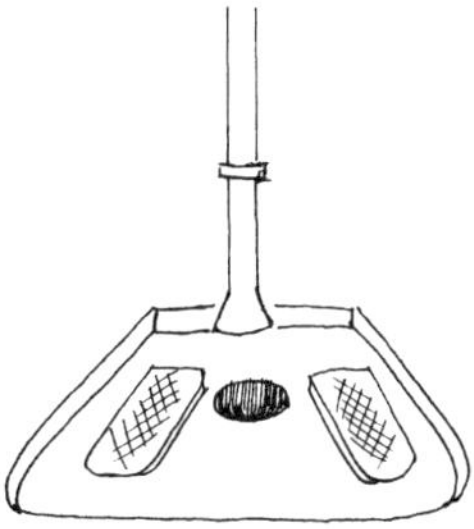

cabinets à la turque :
turkish toilets

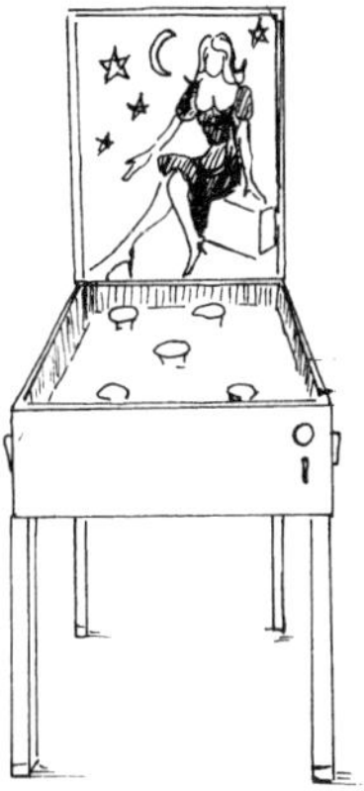

billard électrique :
pinball

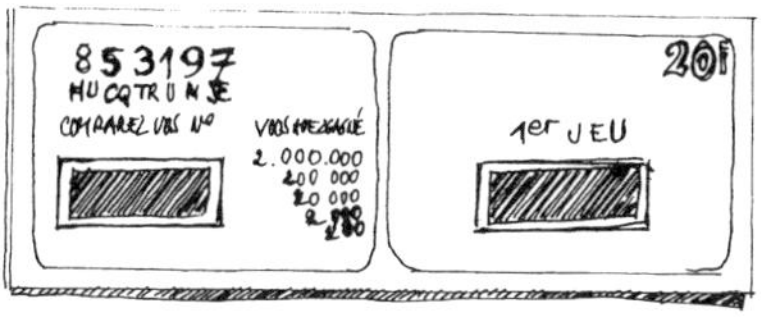

loterie : lottery

ballon de rouge :
glass of red wine

LE SPORT
SPORT

- **chaussure de course à pied** : running shoe

canette de bière : bottle of beer

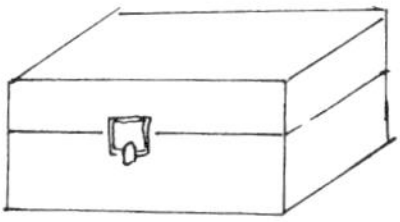

caisse noire : secret funds

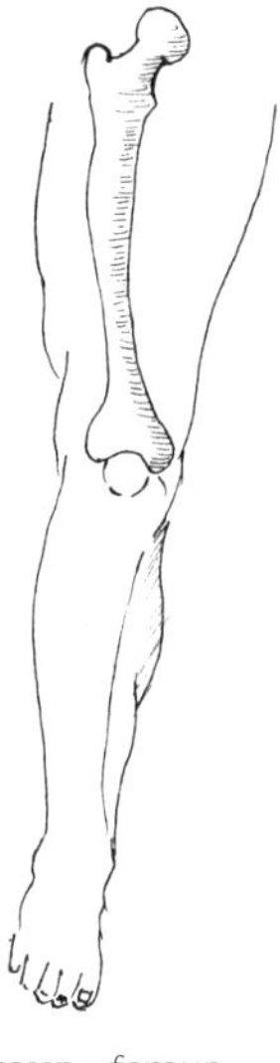

fémur : femur

pole position : pole position

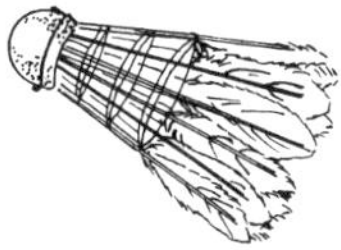

volant : shuttlecock

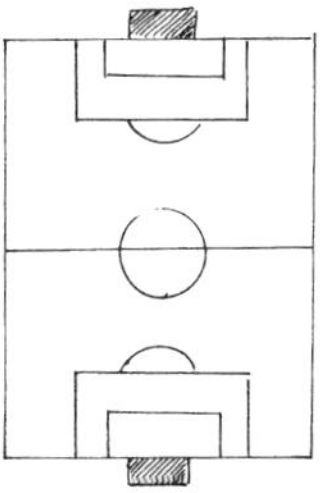

terrain de football : soccer field

DINER EN VILLE
DINNER PARTY

- **bonne** : maid

bouquet de fleurs :
bouquet of flowers

nœud papillon : bow tie

rouleau à pâtisserie :
rolling pin

avocat au crabe :
avocado with crabmeat

manche à gigot :
leg of mutton handle

produit à vaisselle :
dish washing liquid

WEEK-END
WEEKEND

- **toit** : roof

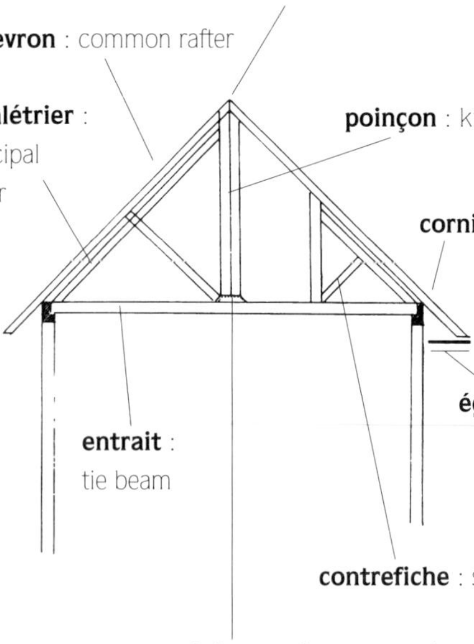

pot de confitures : pot of jam

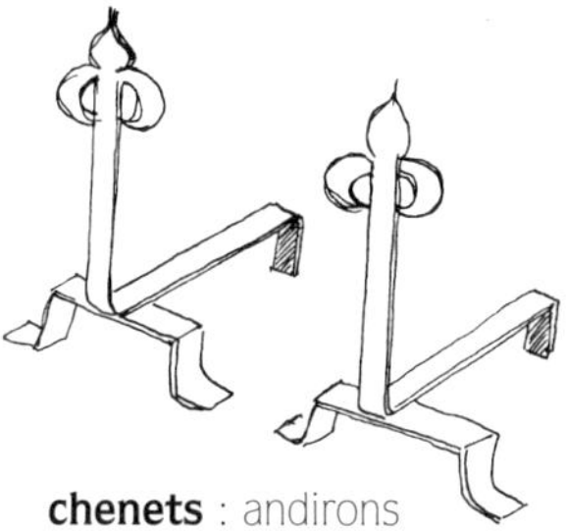

chenets : andirons

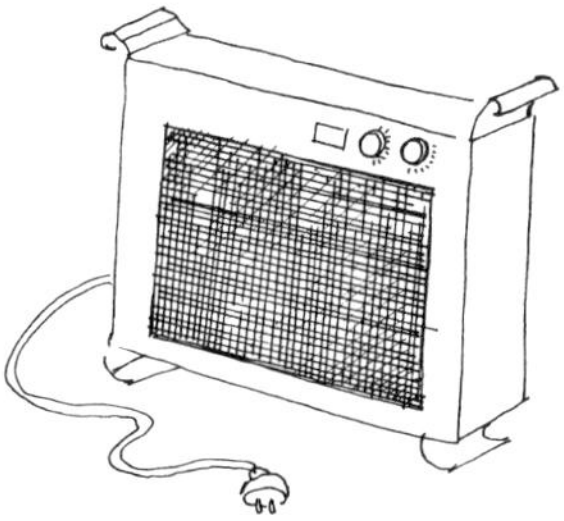

chauffage électrique : electric heater

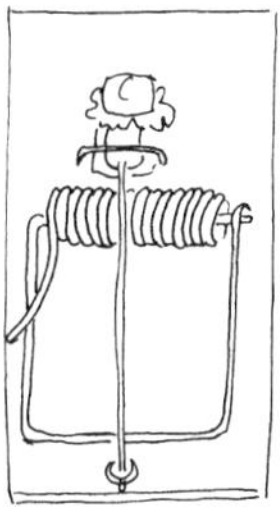

piège à souris : mousetrap

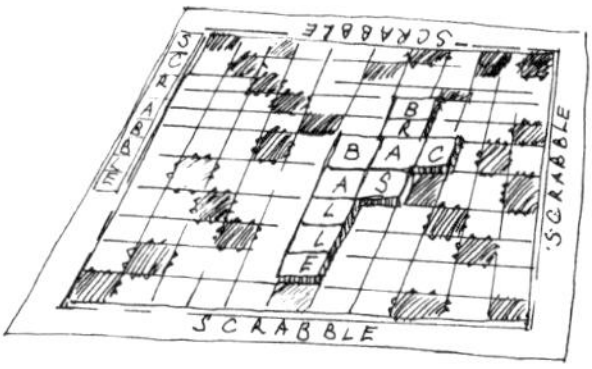

scrabble : scrabble

lampe de poche : electric torch

LES COIFFURES
HEADGEAR

chapeau : hat

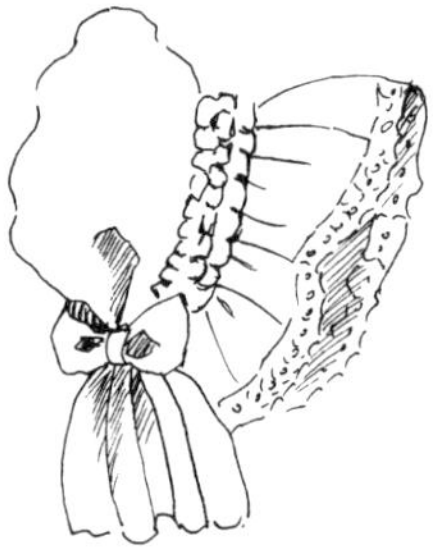

coiffe : bonnet

mitre : miter

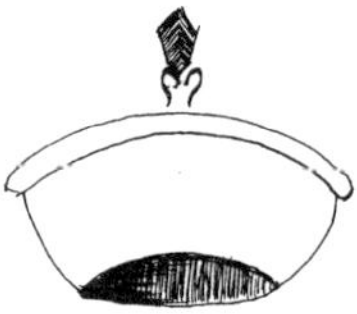

chapeau de mandarin : mandarin cap

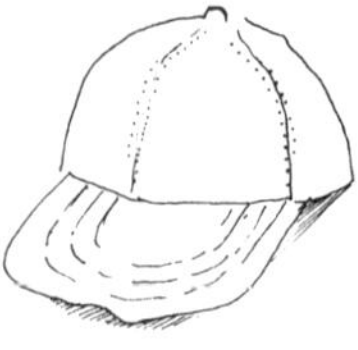

casquette : cap

chapeau de chef : chef's hat

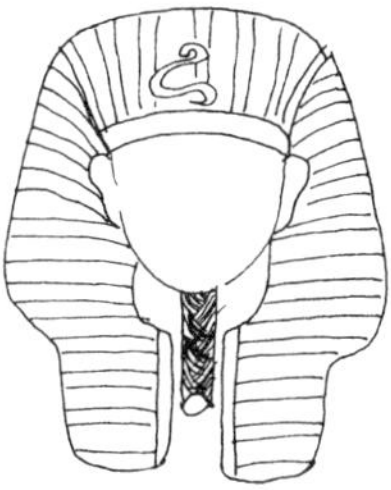

nemès : nemès

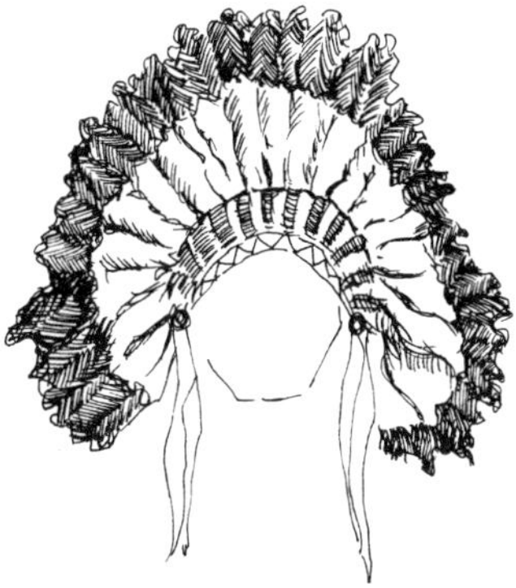

parure de guerre :
war bonnet

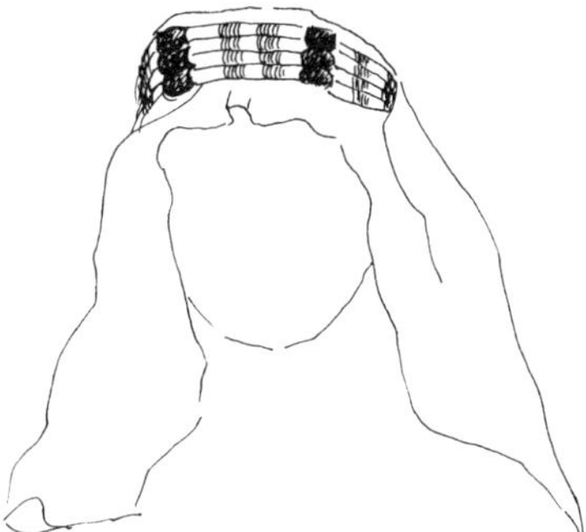

agal et keffieh :
akal and keffyeh

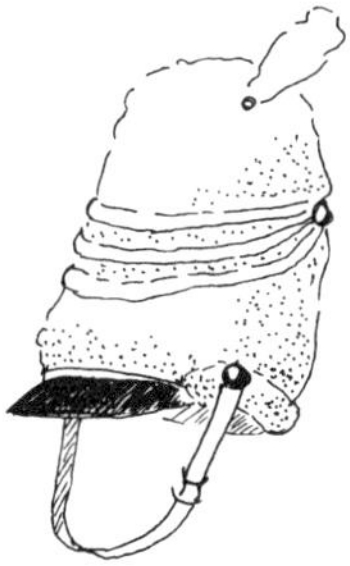

ourson : busby

calotte : yarmulke

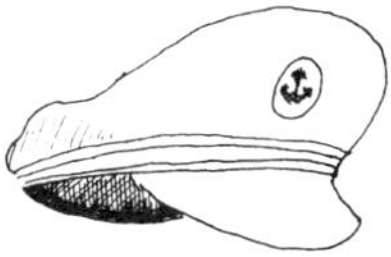

casquette : cap

L'HOMME D'ÉTAT
STATESMAN

- **corps** : body

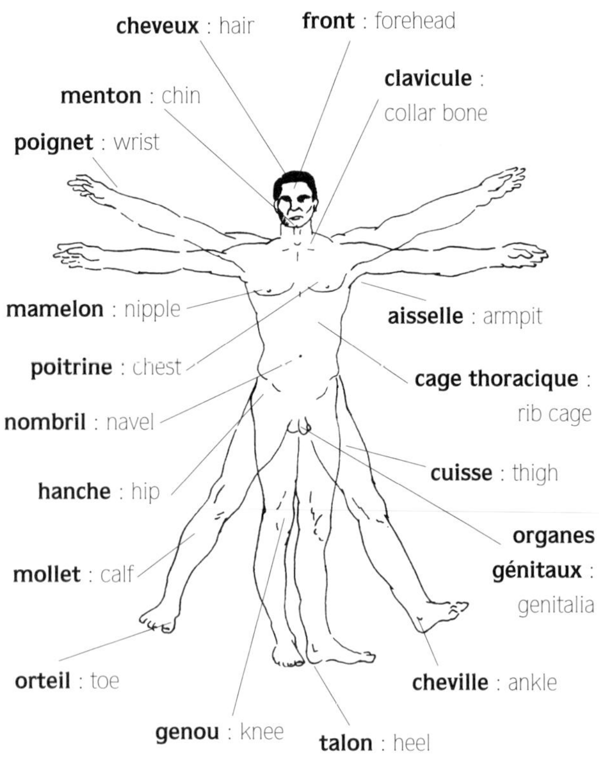

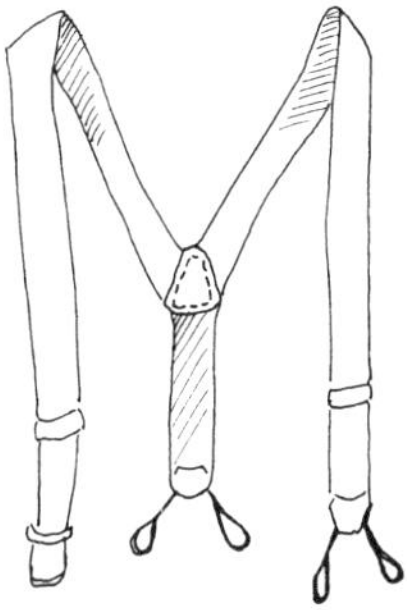

bretelles : braces

tapis rouge : red carpet

hélicoptère : helicopter

décoration : decoration

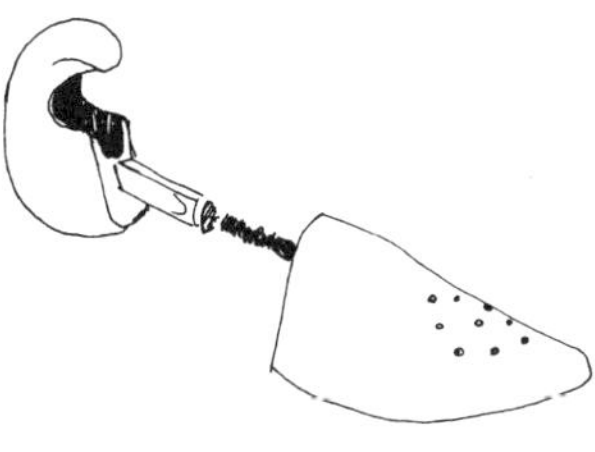

embauchoir : shoe tree

labrador : labrador

NOS AMIES LES BÊTES
OUR ANIMAL FRIENDS

- **mouton** : sheep

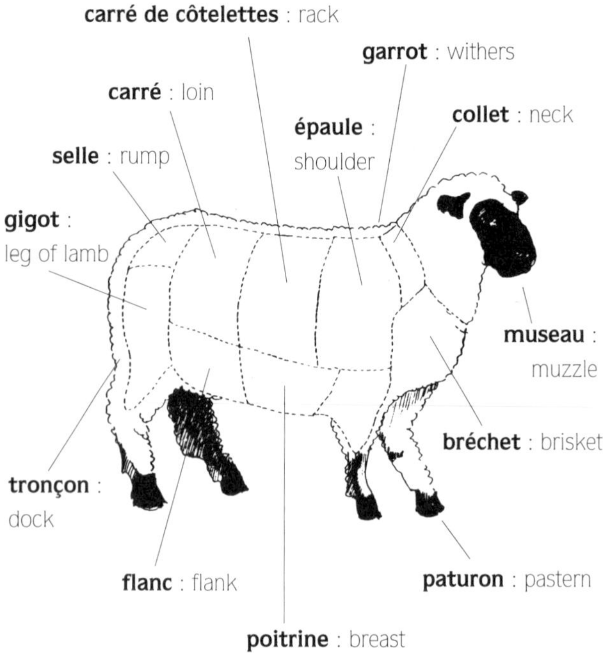

coquille Saint-Jacques : scallop

dromadaire : dromedary

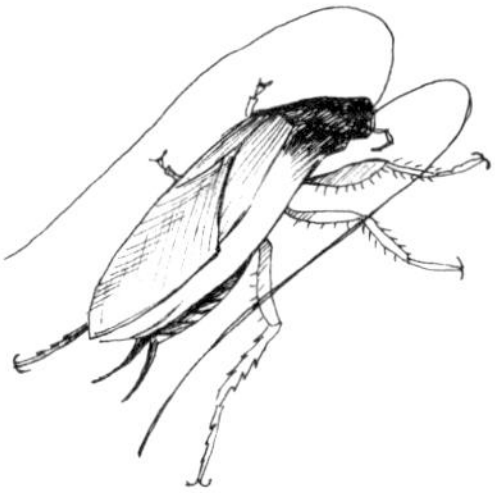

blatte : cockroach

têtard : tadpole

poisson-chat : catfish

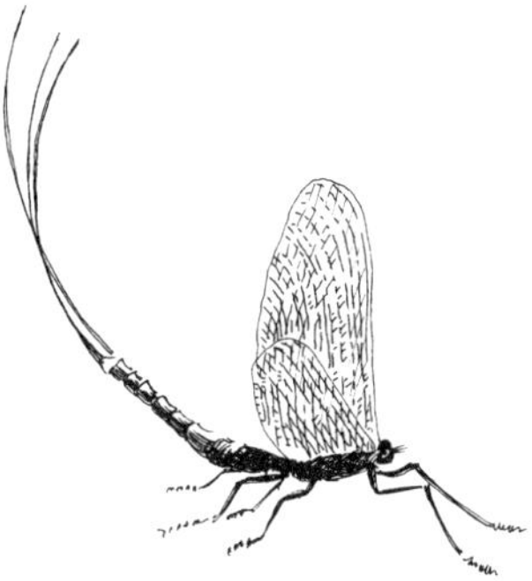

éphémère : mayfly

LA COMTESSE
THE COUNTESS

loden : loden

station de métro : underground station

crocodile : crocodile

chevalière : signet ring

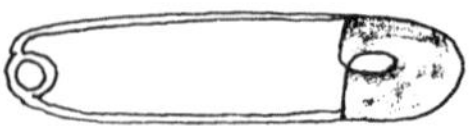

épingle de kilt : kilt pin

taste-vin : tasting cup

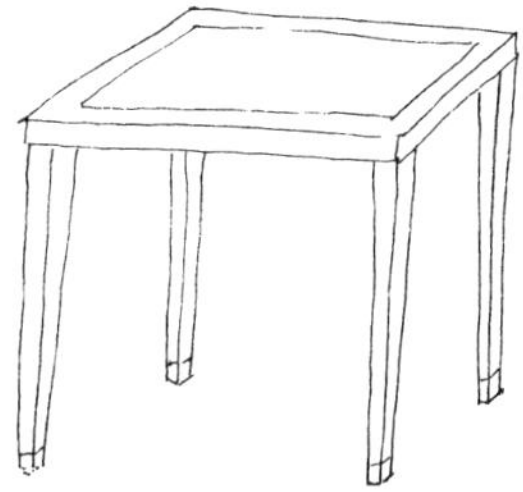

table de bridge : bridge table

robe : dress

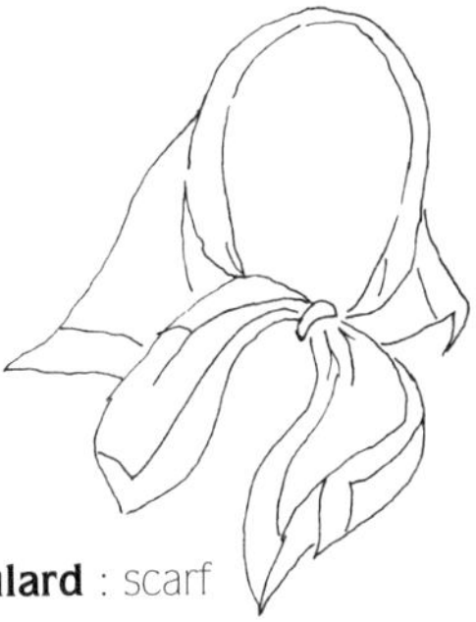

foulard : scarf

invitations : invitations

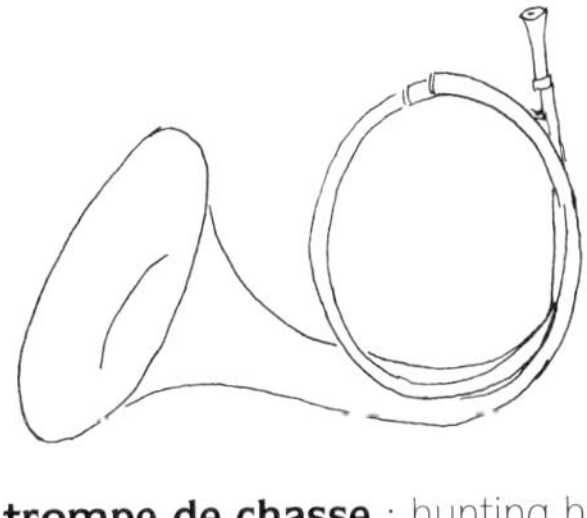

trompe de chasse : hunting horn

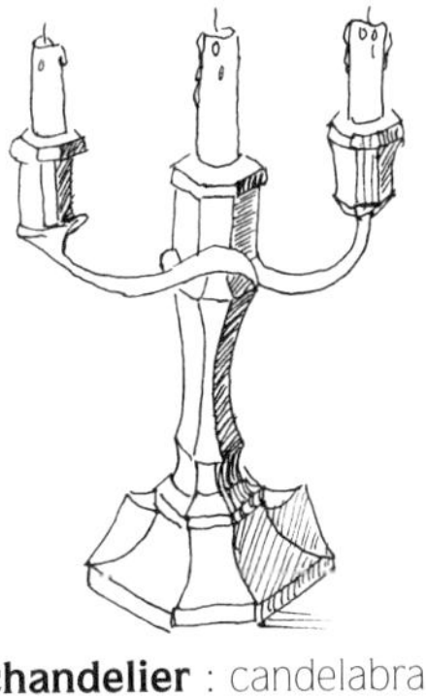

chandelier : candelabra

LA REINE
THE QUEEN

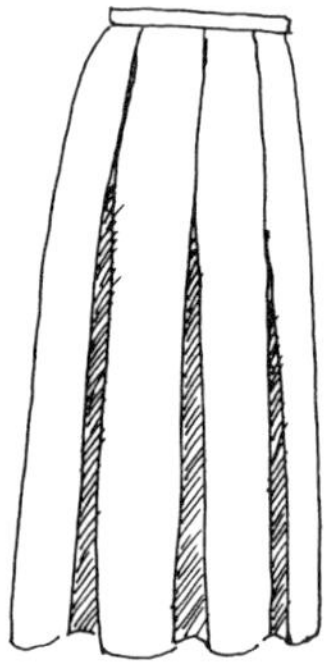

jupe : skirt

porte-jarretelles : garter belt

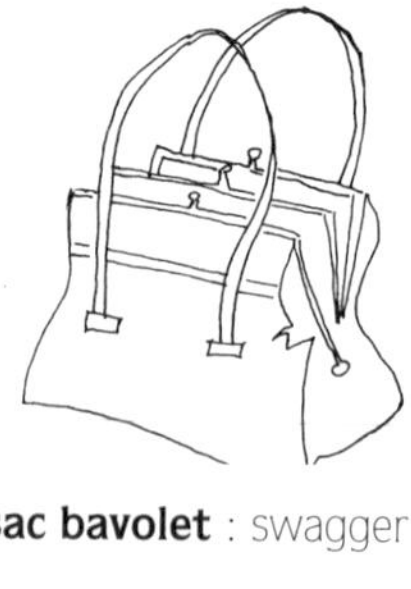

sac bavolet : swagger bag

face-à-main : lorgnette

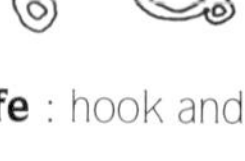

agrafe : hook and eye

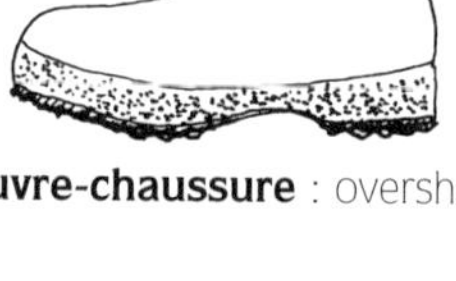

couvre-chaussure : overshoe

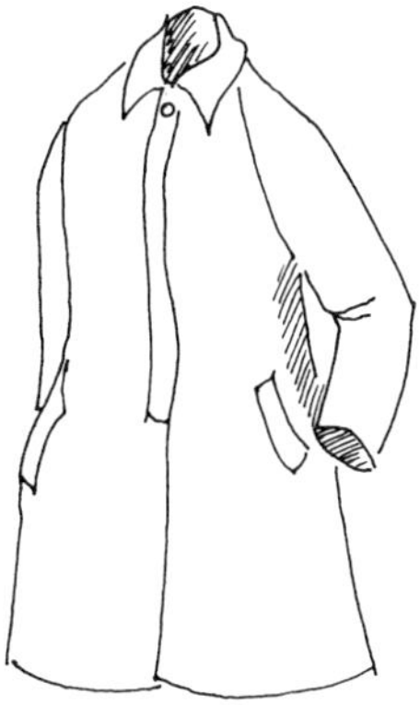

imperméable : raincoat

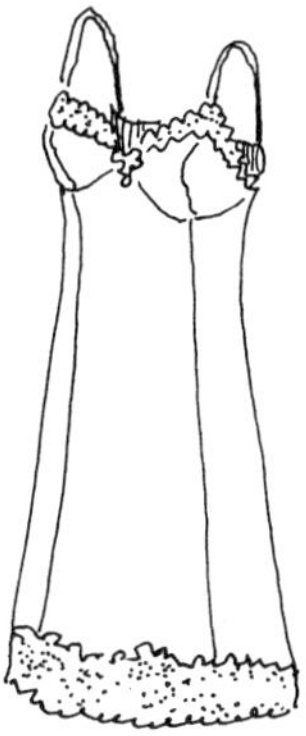

combinaison : slip

couronne : crown

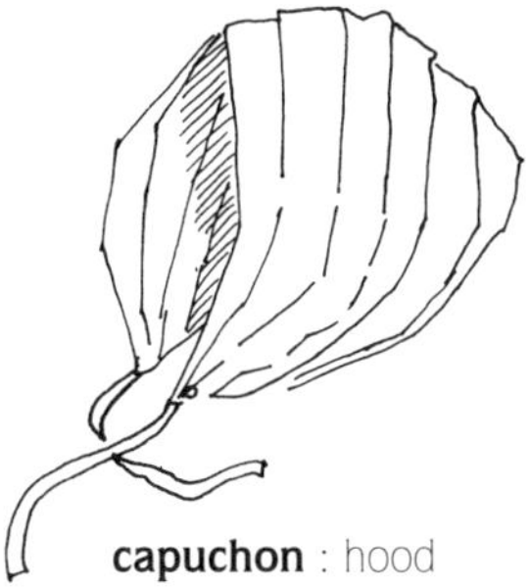

capuchon : hood

collier : necklace

mouchoir : handkerchief

AU CONCOURS HIPPIQUE
AT A HORSE SHOW

- **sabots** : hooves

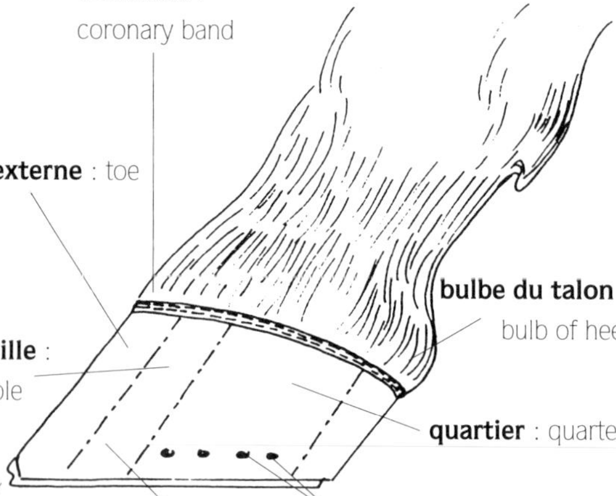

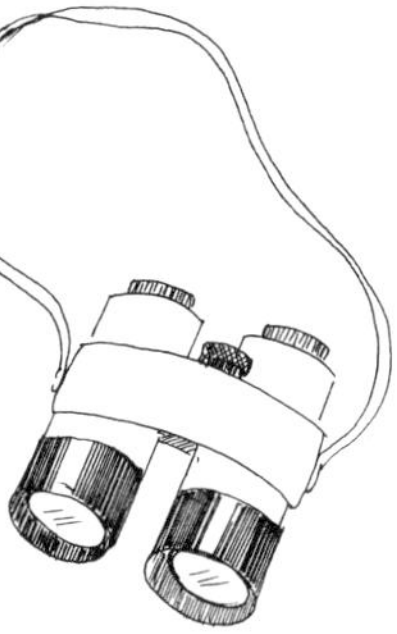

jumelles : binoculars

capeline : wide-brimmed hat

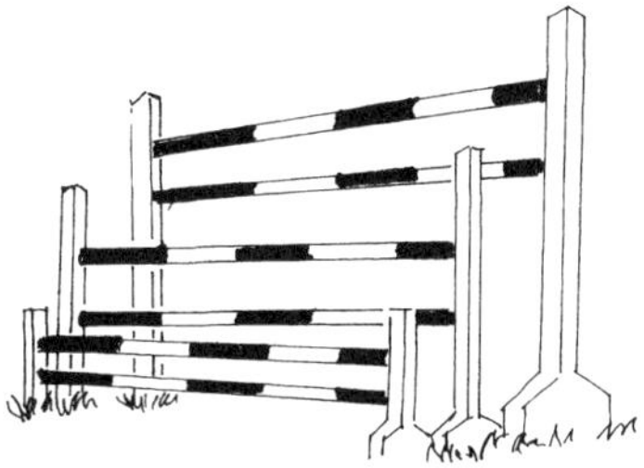

barres de spa : triple bars

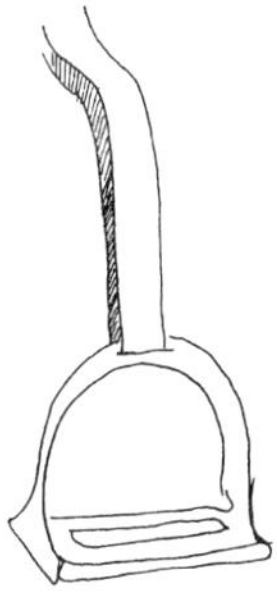

étrier : stirrup

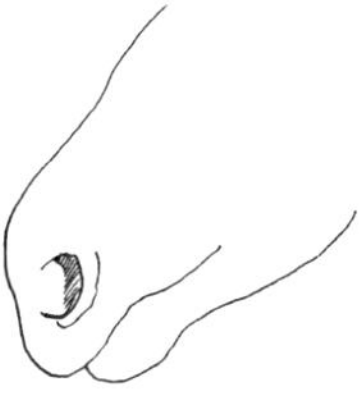

naseau : nostril

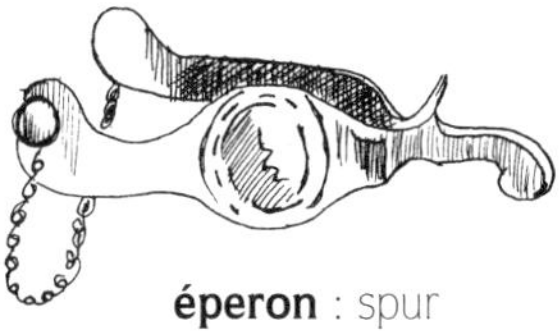

éperon : spur

LES FROMAGES
CHEESES

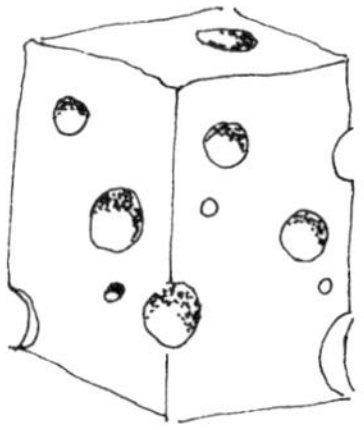

comté : comté

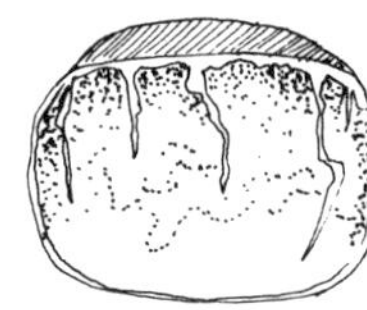

mimolette : mimolette

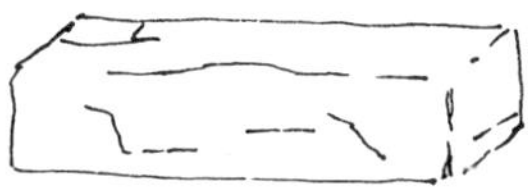

Sainte-maure : Sainte maure

bleu de Bresse : bleu de Bresse

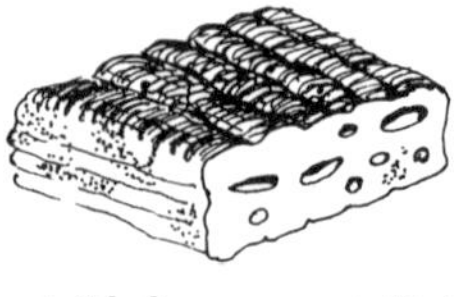

pont-l'évêque : pont l'évêque

saint-marcellin : saint marcellin

camembert : camembert

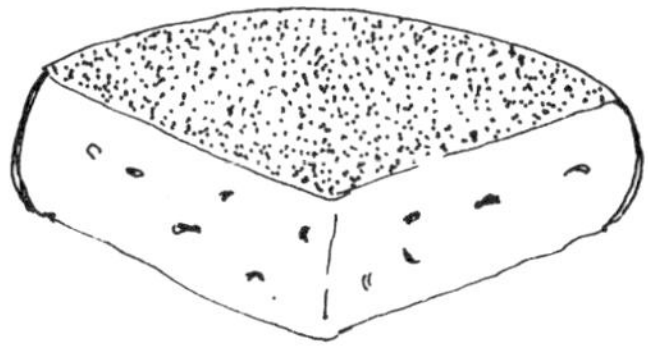

beaumont : beaumont

petit-suisse : petit suisse

valençay : valencay

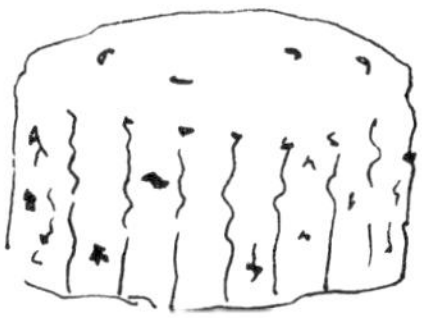

gournay : gournay

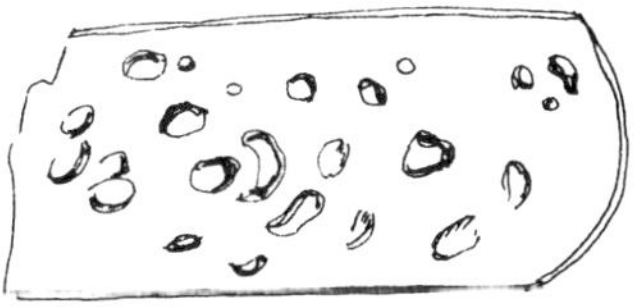

emmenthal : emmenthal

AUX SPORTS D'HIVER
WINTER SPORTS RESORT

neige : snow

brouillard : fog

école de ski : ski school

fanion : flag

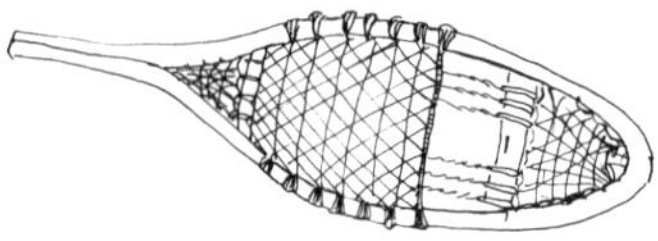

raquette : snowshoe

moufle : mitt

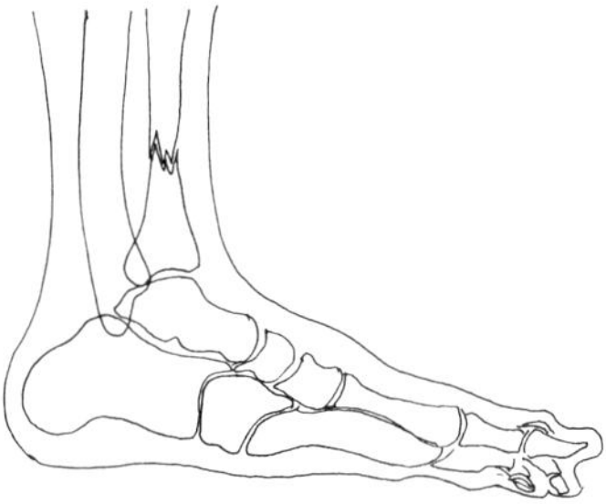

fracture : fracture

grog : grog

remonte-pente : skilift

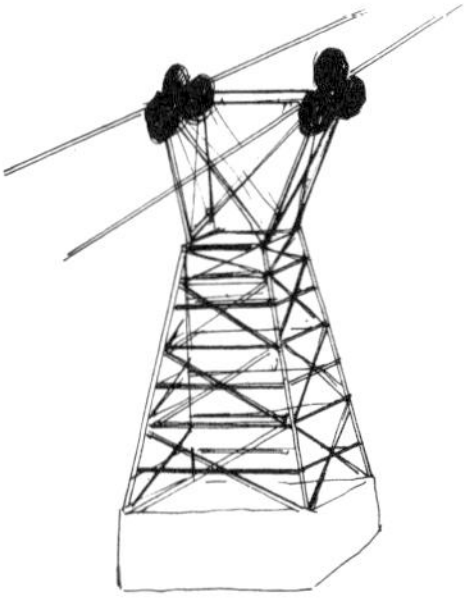

pylône : pylon

la montée : climbing

la montée : climbing

L'HOMME D'AFFAIRES
THE BUSINESSMAN

portrait de famille : family portrait

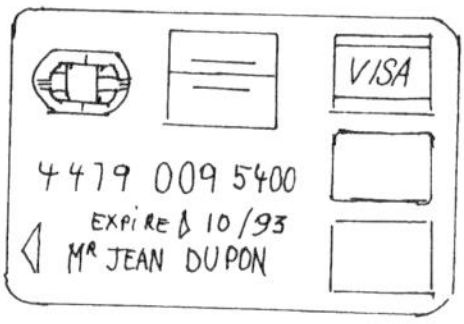

carte de crédit : credit card

secrétaire : secretary

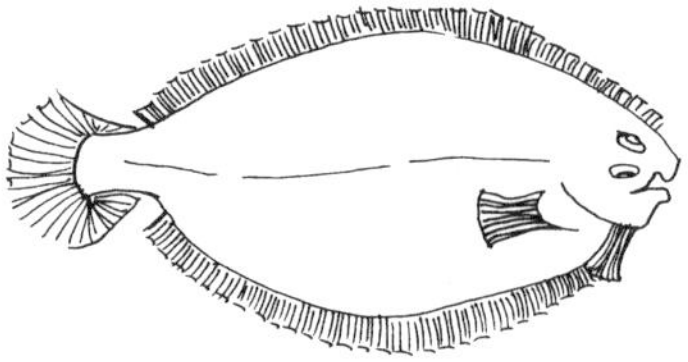

sole meunière : sole meuniere

trombone : paper clip

voiture : car

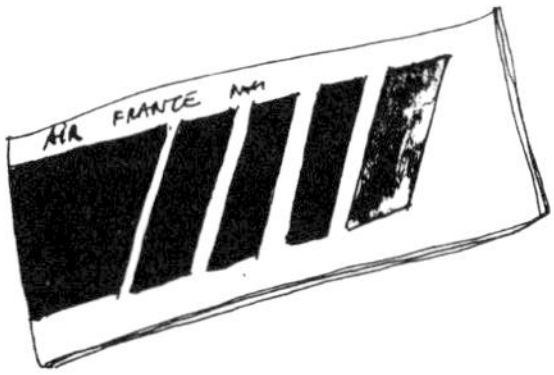

billet d'avion : plane ticket

lunettes : glasses

bible : bible

tee de golf : golf tee

chemise rayée : striped shirt

maîtresse : mistress

GLOSSAIRE FRANÇAIS-ANGLAIS
FRENCH-ENGLISH GLOSSARY

- **Abaisse-langue** : Tongue depressor
- **Abat-jour** : Lampshade
- **Abside** : Apse
- **Accident** : Accident
- **Achat des cadeaux (l')** : Buying the gifts
- **Acné** : Acne
- **Action** : Share
- **Aérofrein** : Air brake
- **Affichage sauvage** : Illegal billposting
- **Agal** : Akal
- **Agrafe** : Hook and eye
- **Aiguillage** : Switch
- **Aire de repos** : Rest area
- **Aisselle** : Armpit
- **Alcootest** : Breathlyser
- **Alêne** : Hole punch
- **Alèse** : Mattress cover
- **Alphabet** : Alphabet
- **Amorce** : Primer
- **Anche** : Reed
- **Anémomachmètre** : Mach and speed indicator
- **Ange** : Angel
- **Anneau** : Pull ring
- **Anneau** : Shackle
- **Anneau grenadière** : Swivel pin
- **Anus** : Anus
- **Apesanteur** : Weightlessness
- **Appeau** : Bird call
- **Arbalétrier** : Principal rafter
- **Arbre** : Windshaft
- **Arbre turbine compresseur** : Turbine compressor shaft
- **Arc-boutant** : Flying Buttress
- **Archet** : Bow
- **Arc-en-ciel** : Rainbow
- **Arrière-grand-mère** : Great-grandmother
- **Arrière-plan** : Background
- **Aryen** : Aryan
- **Astrologie** : Astrology
- **Aube** : Alb
- **Auge à outils** : Tool well
- **Autoroute** : Highway
- **Avocat** : Lawyer
- **Avocat au crabe** : Avocado with crabmeat
- **Axe de balancier** : Pivot

- **Bâbord** : Port
- **Baignoire** : Bathtub
- **Balancier** : Pendulum
- **Ballon de rouge** : Glass of red wine
- **Bande d'arrêt d'urgence** : Shoulder
- **Barre de maintien** : Side handrail
- **Barre de plongée** : Starboard diving plane
- **Barres de spa** : Triple bars
- **Barrettes** : Frets
- **Baryton** : Baritone
- **Bavure** : Unfortunate mistake
- **Beau-frère** : Brother-in-law

- **Beaumont** : Beaumont
- **Belle-fille** : Daughter-in-law
- **Belle-mère** : Mother-in-law
- **Bémol** : Flat
- **Bénitier** : Stoup
- **Béquille canadienne** : Canadian crutc
- **Béquille commune** : Underarm crutch
- **Béquille d'avant-bras** : Forearm crutch
- **Béret** : Beret
- **Bible** : Bible
- **Bigorneau** : Winkle
- **Bigot** : Holier-than-thou
- **Billard électrique** : Pinball
- **Billet d'avion** : Plane ticket
- **Billot** : Block
- **Biseau** : Midsole wedge
- **Blanche** : Half note
- **Blatte** : Cockroach
- **Bleu de Bresse** : Bleu de Bresse
- **Boîte d'ananas** : Pineapple can
- **Boîte de haricots verts** : French beans can
- **Boîte de tomates** : Canned tomatoes
- **Boîtier** : Box
- **Bol** : Bowl
- **Bombe atomique** : Nuclear bomb
- **Bonne** : Maid
- **Bord d'attaque** : Stock
- **Borderline** : Borderline
- **Botte** : Boot
- **Bouche** : Mouth
- **Bouée** : Buoy
- **Boules** : Bowls
- **Bouquet de fleurs** : Bouquet of flowers
- **Bourrelet** : Coronary band
- **Bourse** : Stock Exchange
- **Boussole** : Compass
- **Bout** : Toe box
- **Boutique hors taxe** : Duty free shop
- **Bouton** : Button
- **Boutonnière** : Buttonhole
- **Brancardier** : Stretcher-bearer
- **Branche** : Levier
- **Branchies** : Gills
- **Bras de mer** : Inlet
- **Bras de vibrato** : Tremolo arm
- **Bréchet** : Brisket
- **Bretelle d'accès** : Entrance ramp
- **Bretelle de raccordement** : Loop ramp
- **Bretelle de sortie** : Exit ramp
- **Bretelles** : Braces
- **Broche de serrage** : Handle
- **Bronzer** : To get a tan
- **Brouillard** : Fog
- **Bûche** : Log
- **Bulbe du talon** : Bulb of heel
- **Bureau** : Desk
- **Butoir** : Bumper

- **Cabinets à la turque** . Turkish toilets
- **Cachalot** : Sperm whale
- **Cachet** : Tablet
- **Cadavre** : Corpse
- **Cadeau** : Gift
- **Cage thoracique** : Rib cage
- **Caisse** : Car
- **Caisse** : Cash register
- **Caisse noire** : Secret funds
- **Caissier** : Cashier
- **Caissière** : Cashier
- **Caisson de voilure** : Wing box
- **Caisson gauche** : Left pedestre
- **Calotte** : Yarmulke
- **Camembert** : Camembert
- **Camp de concentration** : Concentration camp
- **Canard** : Duck
- **Canard laqué** : Peking duck
- **Canette de bière** : Bottle of beer
- **Canne tripode** : Tripod cane
- **Capeline** : Wide-brimmed hat

- **Capot de bout d'arbre** : Cannister
- **Capuchon** : Hood
- **Carabine** : Rifle
- **Carafe** : Decanter
- **Caravane** : Trailer
- **Carpe** : Carpus
- **Carré** : Loin
- **Carré de côtelettes** : Rack
- **Carte de crédit** : Credit card
- **Carte de réduction** : Senior citizen's rail pass
- **Cartes** : Cards
- **Casque** : Helmet
- **Casquette** : Cap
- **Catastrophe aérienne** : Plane crash
- **Cause humanitaire** : Humanitarian cause
- **Caveau** : Vault
- **Ceinturon** : Belt
- **Céleste** : Heavenly
- **Cerf-volant** : Kite
- **Cerveau** : Brain
- **Chagrin** : Sorrow
- **Chaise électrique** : Electric chair
- **Chaloupe** : Launch
- **Chambre des machines** : Engine room
- **Chandelier** : Candelabra
- **Chape** : Cope
- **Chapeau** : Hat
- **Chapeau** : Cap
- **Chapeau de chef** : Chef's hat
- **Chapeau de mandarin** : Mandarin cap
- **Chapitre** : Chapter
- **Chariot à bagage** : Baggage cart
- **Chasteté** : Chastity
- **Chasuble** : Chasuble
- **Chat-huant** : Screech owl
- **Chaudière** : Boiler
- **Chauffage électrique** : Electric heater
- **Chaussure de course à pied** : Running shoe
- **Chauve-souris** : Bat
- **Chef d'orchestre** : Conductor
- **Chemise** : Shirt
- **Chemise rayée** : Striped shirt
- **Chenets** : Andirons
- **Chêne** : Oak
- **Chèque** : Cheque
- **Chevalet** : Bridge
- **Chevalière** : Signet ring
- **Cheveux** : Hair
- **Cheville** : Ankle
- **Cheville mécanique** : Key
- **Chevron** : Common rafter
- **Chinchilla** : Chinchilla
- **Chrysanthème** : Chrysanthemum
- **Ciel** : Heaven
- **Cigarette** : Cigarette
- **Cigogne** : Stork
- **Cils** : Eyelashes
- **Cintre** : Coat hanger
- **Circonscription** : Constituency
- **Cirro-stratus** : Cirrostratus
- **Ciseaux** : Scissors
- **Civet** : Stew
- **Clavicule** : Collar bone
- **Clef de voûte** : Keystone
- **Cloche** : Bell
- **Clocher** : Bell tower
- **Cloître** : Cloister
- **Code barre** : Bar code
- **Cœur** : Heart
- **Coffre-fort** : Safe
- **Coiffe** : Bonnet
- **Coiffe en dentelle** : Headdress
- **Col** : Collar
- **Collerette amovible** : Detachable collar
- **Collet** : Neck
- **Collier** : Collar
- **Collier** : Necklace
- **Colombe** : Dove
- **Combinaison** : Slip
- **Commande marche/arrêt** : On-off button
- **Commode** : Buffet
- **Complément** : Complement
- **Comté** : Comté
- **Concile** : Synod
- **Conclave** : Conclave

- **Concubin notoire** : Concubine
- **Congre** : Conger eel
- **Consommateur** : Customer
- **Consonne** : Consonant
- **Contravention** : Fine
- **Contrefiche** : Strut
- **Contre-filet** : Sirloin
- **Coquille Saint-Jacques** : Scallop
- **Corbillard** : Hearse
- **Cordes** : Strings
- **Cornemuse** : Bagpipe
- **Corniche** : Cornice
- **Corps** : Body
- **Corps en fonte** : Cast iron casing
- **Corpulent** : Stout
- **Corruption** : Corruption
- **Cotret** : Heel
- **Couchette** : Bunk
- **Coulisses** : Wings
- **Coupe** : Magnifier
- **Coupe de cheveux** : Haircut
- **Courbette** : Low bow
- **Couronne** : Crown
- **Couronne** : Wreath
- **Couscoussier** : Couscous pot
- **Coussin** : Cushion
- **Couteau à désosser** : Boning knife
- **Couteau à éplucher** : Peeler
- **Couteau suisse** : Swiss knife
- **Couvercle** : Cover
- **Couvre-chaussure** : Overshoe
- **Crâne** : Skull
- **Cratère** : Crater
- **Créancier** : Creditor
- **Créateur** : Creator
- **Crédit** : Credit
- **Crête** : Crest
- **Crête** : Comb
- **Crevaison** : Puncture
- **Crevette** : Prawn
- **Crevettes surgelées** : Frozen prawns
- **Crique** : Cove
- **Crochet pivotant** : Swivel hook
- **Crocodile** : Crocodile
- **Croix gammée** : Swastika
- **Crosse** : Crosier
- **Crosse** : Stock
- **Crosse d'appontage** : Arrester hook
- **Cubitus** : Ulna
- **Cuiller** : Catch
- **Cuisse** : Thigh
- **Culasse** : Breech
- **Cumulo-nimbus** : Cumulonimbus
- **Cure-dent** : Toothpick
- **Cure-ongles** : Nail cleaner
- **Curseur** : Key
- **Cuvette** : Toilet bowl

- **Débiteur** : Debtor
- **Décalage horaire** : Jet lag
- **Décollage** : Takeoff
- **Décor** : Scenery
- **Décoration** : Decoration
- **Découpage électoral** : Warding
- **Défunt** : Deceased
- **Dégorgeoir** : Hook disgorger
- **Démagogie** : Demagogy
- **Dentelle** : Lace
- **Détonateur de retard** : Fuse
- **Détournement** : Hijacking
- **Dévotion** : Devotion
- **Diable** : Devil
- **Diapason** : Tuning fork
- **Diocèse** : Diocese
- **Diva** : Diva
- **Divergent** : Gore area
- **Divin** : Divine
- **Doigts** : Toes
- **Dos** : Back
- **Douchette** : Portable shower head
- **Drap** : Sheet
- **Dromadaire** : Dromedary
- **Dune** : Dune
- **Duvet** : Down

- **Échelle des temps** : Graduated scale
- **Éclipse** : Eclipse

- **École de ski** : Ski school
- **Écologiste** : Ecologist
- **Écoute téléphonique** : Wiretapping
- **Écume** : Foam
- **Écumoire** : Skimmer
- **Égérie** : Egeria
- **Égout** : Sewer
- **Embauchoir** : Shoe tree
- **Embruns** : Sea spray
- **Emmenthal** : Emmenthal
- **Empeigne** : Uppers
- **Empereur** : Emperor
- **Enceinte** : Cabinet
- **Encoche de ressort** : Spring slot
- **Encyclique** : Encyclical
- **Enfant du 1er lit** : Child from first marriage
- **Enfant du 2e lit** : Child from second marriage
- **Enfer** : Hell
- **Enflure** : Creep
- **Entrait** : Tie beam
- **Entretoise** : Leg brace
- **Épargne** : Savings
- **Épaule** : Shoulder
- **Épave** : Wreck
- **Épeler** : To spell
- **Éperon** : Spur
- **Éphémère** : Mayfly
- **Épinards en branches surgelés** : Frozen boiled spinach
- **Épingle de kilt** : Kilt pin
- **Épitaphe** : Epitaph
- **Épithète** : Epithet
- **Ergot** : Lug
- **Ergot** : Spur
- **Erreur humaine** : Creep
- **Escalier mécanique** : Escalator
- **Escargots surgelés** : Frozen snails
- **Escarpins** : Pumps
- **Escompte** : Discount
- **Estomac** : Stomach
- **Esturgeon** : Sturgeon
- **Établi** : Workbench
- **Éternel** : Eternal
- **Étole** : Stole
- **Étrier** : Stirrup
- **Évasion** : Escape
- **Extase** : Ecstasy

- **Face-à-main** : Lorgnette
- **Faillite** : Bankruptcy
- **Faîte** : Peak
- **Fanion** : Flag
- **Fanon** : Wattle
- **Fantasme** : Fantasy
- **Fauteuil** : Armchair
- **Fécondation in vitro** : Test tube baby
- **Fémur** : Femur
- **Fermeture de culasse** : Bolt
- **Feux de signalisation** : Traffic lights
- **Financement des partis** : Party financing
- **Flanc** : Flank
- **Flèche** : Spire
- **Flexible** : Flexible hose
- **Foi** : Faith
- **Formulaire administratif** : Administrative form
- **Foulard** : Scarf
- **Fourche** : Spading fork
- **Fracture** : Fracture
- **Frauduleux** : Fraudulent
- **Frelon** : Hornet
- **Front** : Forehead
- **Fusée à propergol liquide** : Solid rocket booster
- **Fusil** : Sharpening steel

- **Galaxie** : Galaxy
- **Galère** : Bore
- **Galet** : Pebble
- **Gangrène** : Gangrene
- **Gardien** : Guard
- **Garrot** : Withers
- **Gendre** : Son-in-law
- **Genou** : Knee
- **Gigot** : Leg of lamb
- **Gingembre** : Ginger
- **Glace** : Mirror
- **Glacière** : Icebox

- **Globe oculaire** : Eyeball
- **Glossaire** : Glossary
- **Goémon** : Wrack
- **Golfe** : Gulf
- **Gonfleur** : Air pump
- **Gorge de chemise** : Front placket
- **Goupille** : Safety pin
- **Gournay** : Gournay
- **Gousset de couplage** : Gusset
- **Gouvernail de plongée avant** : Port sail plane
- **Grand-père** : Grandfather
- **Grande lame** : Spear blade
- **Grenade à main** : Hand grenade
- **Griffe** : Claw
- **Griffes** : Dog blocks
- **Grog** : Grog
- **Grotte** : Grotto
- **Guérison** : Recovery
- **Guichet** : Counter
- **Guidon** : Front sight
- **Guitare électrique** : Electric guitar

- **Hachis** : Mince
- **Hameçon** : Hook
- **Hanche** : Hip
- **Hareng** : Herring
- **Hausse réglable** : Open rear sight
- **Haut de côtes** : Chuck short rib
- **Haut-parleur** : Speaker
- **Hélice** : Propeller
- **Hélicoptère** : Helicopter
- **Helix** : Helix
- **Héritage** : Inheritance
- **Hippopotame** : Hippopotamus
- **Honda** : Honda
- **Honte (la)** : Shame
- **Huître** : Oyster

- **Idole** : Idol
- **Ilion** : Ilium
- **Immigré** : Immigrant
- **Immunité parlementaire** : Parliamentary immunity
- **Imperméable** : Raincoat
- **Infaillibilité** : Infallibility
- **Infirmière** : Nurse
- **Injustice** : Injustice
- **Innocent** : Innocent
- **Insémination** : Insemination
- **Instruments de vol** : Flying instruments
- **Intestin** : Intestine
- **Inverseur** : Reverser
- **Invitations** : Invitations

- **Jarret** : Shank
- **Jaune** : Yellow
- **Jumelles** : Binoculars
- **Jupe** : Skirt
- **Jupe droite** : Straight skirt

- **Keffieh** : Keffyeh
- **Kiosque** : Conning tower

- **Labrador** : Labrador
- **Lacets** : Shoe laces
- **Lait** : Milk
- **Lampe de poche** : Electric torch
- **Lamproie** : Lamprey
- **Languette** : Tongue
- **Lattis** : Sail bars
- **Lavabo** : Sink
- **Levier d'éjection** : Bolt handle
- **Levier d'ouverture du magasin** : Magazine release
- **Lèvre** : Lip
- **Lézard** : Problem
- **Limande** : Dab
- **Lime** : File
- **Literie** : Bedding
- **Lit à baldaquin** : Canopy bed
- **Lobe** : Lobe
- **Lobe de l'oreille** : Earlobe
- **Loden** : Loden

- **Loge** : Box
- **Loterie** : Lottery
- **Luciole** : Firefly
- **Lune rousse** : April moon
- **Lunettes** : Glasses
- **Lustre** : Chandelier
- **Luxe** : Luxury

- **Machine à écrire** : Typewriter
- **Magazine féminin** : Women's magazine
- **Magot** : Pile
- **Maître d'hôtel** : Butler
- **Maîtresse** : Mistress
- **Malléole** : Calcaneus
- **Mamelle latérale** : Side walls
- **Mamelon** : Nipple
- **Manche** : Neck
- **Manche** : Sleeve
- **Manche à gigot** : Leg of mutton handle
- **Manette de chasse** : Flush handle
- **Mangouste** : Mongoose
- **Matelas** : Mattress
- **Matraque** : Truncheon
- **Médias** : Media
- **Méditation** : Meditation
- **Méduse** : Jellyfish
- **Menton** : Chin
- **Menu** : Menu
- **Mérou** : Grouper
- **Mésosphère** : Mesosphere
- **Metatarse** : Metatarsal
- **Métronome** : Metronome
- **Mimolette** : Mimolette
- **Mirador** : Mirador
- **Missile** : Missile
- **Missile sol-air** : Ground to air missile
- **Mitre** : Miter
- **Moine** : Monk
- **Mollet** : Calf
- **Montée** :Climbing
- **Mosquée** : Mosque
- **Mot** : Word
- **Moto** : Motorbike
- **Motrice** : Motor unit lever
- **Mouchoir** : Handkerchief
- **Mouette** : Sea gull
- **Moufle** : Mitt
- **Mouilleur** : Moistener
- **Moulin à vent** : Windmill
- **Moustache** : Moustache
- **Mouton** : Sheep
- **Mule** : Mule
- **Mur** : Wall
- **Muraille** : Periople
- **Muscle adducteur** : Adductor muscle
- **Museau** : Muzzle

- **Narcissique** : Narcissistic
- **Narine** : Nostril
- **Naseau** : Nostril
- **Navette spatiale** : Space shuttle
- **Nébuleuse** : Nebula
- **Nef** : Nave
- **Neige** : Snow
- **Nemès** : Nemès
- **Névrotique** : Neurotic
- **Nœud** : Bow
- **Nœud papillon** : Bow tie
- **Nœud plat** : Reef knot
- **Nombril** : Navel
- **Nonce** : Nuncio
- **Note** : Note
- **Novice** : Novice

- **Obligation** : Bond
- **Obsèques** : Funeral
- **Observatoire** : Observatory
- **Œdipe** : Œdipus
- **Œsophage** : Œsophagus
- **Œuf dur** : Hard-boiled egg
- **Omoplate** : Shoulder blade
- **Onglet** : Nail nick
- **Ordinateur** : Computer
- **Or** : Gold
- **Orbite** : Orbit
- **Organes génitaux** : Genitalia
- **Orignal** : Moose
- **Orteil** : Toe
- **Otage** : Hostage
- **Oto-rhino-laryngologiste** : Ear, nose and throat specialist

- **Ourson** : Busby
- **Ours en peluche** : Teddy bear
- **Ouvre-boîte** : Can opener
- **Ovaire** : Ovary

- **Pan de chemise** : Shirt tail
- **Papier toilette** : Toilet paper
- **Parasol** : Beach umbrella
- **Pare-brise** : Windshield
- **Parloir** : Parlour
- **Parure de guerre** : War bonnet
- **Passage d'animaux sauvages** : Deer crossing
- **Patibulaire** : Sinister
- **Patin** : Floor glide
- **Patte** : Sleeve placket
- **Patte d'œillets** : Eye stay
- **Paturon** : Pastern
- **Paupière** : Eyelid
- **Pendaison** : Hanging
- **Pénis** : Penis
- **Pension alimentaire** : Alimony
- **Perche de ravitaillement** : In-flight refuelling probe
- **Père présumé** : Supposed father
- **Perfecto** : Perfecto
- **Péroné** : Fibula
- **Pétard** : Joint
- **Petit-suisse** : Petit suisse
- **Phallique** : Phallic
- **Phobique** : Phobic
- **Pichet** : Pitcher
- **Pied** : Leg
- **Piège à souris** : Mousetrap
- **Pierre tombale** : Tombstone
- **Pile** : Battery
- **Pince** : Toe clip
- **Pince à épiler** : Tweezers
- **Pince à linge** : Clothes pin
- **Plaidoirie** : Defence speech
- **Planche à vent** : Leader board
- **Plan de travail** : Work surface
- **Plante verte** : Plant
- **Plaque d'arrêt de la vis sans fin** : Spindle locking plate
- **Plaque de couche antérieure** : Record pad
- **Plaqué or** : Gold plate
- **Plastron** : Hackle
- **Plateau** : Bench top
- **Plateau** : Top
- **Pléonasme** : Pleonasm
- **Plinthe** : Plinth
- **Plumes arquées** : Sickles
- **Pluriel** : Plural
- **Poche poitrine** : Breast pocket
- **Poignée** : Handle
- **Poignet** : Cuff
- **Poignet** : Wrist
- **Poinçon** : King post
- **Poisson-chat** : Catfish
- **Poisson cru** : Raw fish
- **Poitrine** : Breast
- **Poitrine** : Chest
- **Pole position** : Pole position
- **Pont-l'évêque** : Pont l'évêque
- **Pont-levis** : Drawbridge
- **Porte-jarretelles** : Garter belt
- **Porte-savon** : Soap dish
- **Porte-verre** : Tumbler holder
- **Portes coulissantes** : Door panels
- **Portrait** : Portrait
- **Portrait de famille** : Family portrait
- **Pot de confitures** : Pot of jam
- **Pot-de-vin** : Bribe
- **Poteau électrique** : Electric post
- **Pou** : Louse
- **Pouce** : Hind toe
- **Poule** : Hen
- **Poussoir de sûreté** : Safety button
- **Pouvoir** : Power
- **Prendre une veste** : To come a cropper
- **Préservatif** : Condom
- **Prise de tête** : Real pain
- **Prix littéraire** : Literary prize
- **Procession** : Procession

- **Produit à vaisselle** : Dish washing liquid
- **Projection** : Projection
- **Prostate** : Prostate
- **Pulsion** : Drive
- **Pupille** : Pupil
- **Pupitre** : Music stand
- **Putois** : Polecat
- **Pylône** : Pylon

- **Quai** : Platform
- **Quartier** : Quarter
- **Quille** : Demob

- **Rabat** : Flap
- **Race** : Race
- **Radiographie** : X-ray
- **Rail de lancement de missiles** : Missile launch rail
- **Rame** : Train
- **Rangers** : Combat boots
- **Raquette** : Snowshoe
- **Rasoir électrique** : Electric shaver
- **Réacteur** : Jet engine
- **Réacteur** : Reactor
- **Réflecteur de réservoir d'origine liquide** : Lox tank baffler
- **Réfrigérer** : To refrigerate
- **Réglages** : Controls
- **Régression** : Regression
- **Rembourrage** : Padding
- **Remonte-pente** : Skilift
- **Renfort du talon** : Heel patch
- **Ressort** : Spring
- **Retour de bureau** : Return section
- **Retour de protection** : Turnback
- **Retourner sa veste** : To turn one's coat
- **Rétroviseur** : Rear view minor
- **Revolver** : Gun
- **Rideau** : Curtain
- **Rive externe** : Toe
- **Rive gauche** : Left bank
- **Rivets** : Clinches
- **Riz cantonais** : Fried rice
- **Rizière** : Ricefield
- **Robe** : Dress
- **Rotule** : Knee cap
- **Rouleau à pâtisserie** : Rolling pin
- **Rouleau de printemps** : Spring roll
- **Roulis** : Rolling
- **Route secondaire** : Minor road

- **Sabots** : Hooves
- **Sacrum** : Sacrum
- **Sac bavolet** : Swagger bag
- **Sac plastique** : Plastic bag
- **Saignant** : Rare
- **Saint-marcellin** : Saint marcellin
- **Sainte-maure** : Sainte maure
- **Salle de bains** : Bathroom
- **Sang contaminé** : Infected blood
- **Sangsue** : Leech
- **Sapé** : Dressed
- **Sas d'accès arrière** : Air lock
- **Schizophrénie** : Schizophrenia
- **Scie à bois** : Wood saw
- **Sclérose en plaques** : Multiple sclerosis
- **Scrabble** : Scrabble
- **Sécateur** : Pruning shears
- **Secrétaire** : Secretary
- **Seigneur** : Lord
- **Selle** : Rump
- **Semelle** : Sole
- **Semelle extérieure** : Outsole
- **Seringue** : Syringe
- **Serveur** : Lock
- **Short** : Shorts
- **Siège** : Seat
- **Signal d'alarme** : Emergency brake
- **Silure** : Silurid
- **Singulier** : Singular
- **Siphon** : Siphon

- **Sole meunière** : Sole meuniere
- **Soleil** : Sun
- **Sommier** : Box spring
- **Soucoupes** : Saucers
- **Soupe** : Soup
- **Soupière** : Tureen
- **Sourcil** : Eyebrow
- **Soutien-gorge** : Bra
- **Spéculation** : Speculation
- **Spéculer** : To speculate
- **Spéculum** : Speculum
- **Stabilisateur** : Stabilizer
- **Station de métro** : Underground station
- **Sternum** : Sternum
- **Stimulateur cardiaque** : Pacemaker
- **Suicide** : Suicide
- **Surgénérateur** : Nuclear power reactor
- **Surplis** : Surplice
- **Sursis** : Suspended sentence
- **Surveillance vidéo** : Video supervision
- **Survivant** : Survivor

- **Table de bridge** : Bridge table
- **Tableau** : Painting
- **Tableau noir** : Blackboard
- **Tablier de service** : Serving apron
- **Talon** : Heel
- **Tamanoir** : Great anteater
- **Tambourin** : Tambourine
- **Tapir** : Tapir
- **Tapis rouge** : Red carpet
- **Tarse** : Tarsus
- **Tas de fumier** : Manure heap
- **Taste-vin** : Tasting cup
- **Teckel** : Dachshund
- **Tee de golf** : Golf tee
- **Télévision** : Television
- **Tempête** : Storm
- **Temple** : Temple
- **Terrain de football** : Soccer field
- **Terre-plein central** : Island
- **Fêtard** : Tadpole
- **Tête** : Neck
- **Thé** : Tea
- **Tipi** : Tepee
- **Tire-bouchon** : Corkscrew
- **Tirette** : Writing slide
- **Tiroir à outils** : Tool drawer
- **Tiroir central** : Center drawer
- **Toit** : Roof
- **Torpille** : Torpedo
- **Tour** : Tower
- **Tournevis** : Screwdriver
- **Tourniquet** : Turnstile
- **Tragus** : Tragus
- **Traite** : Letter of credit
- **Traite** : Milking
- **Traverse** : Shetcher
- **Traverse** : Tie
- **Treillis** : Fatigues
- **Tremblement de terre** : Earthquake
- **Trépasser** : To pass away
- **Tricot** : Knitting
- **Tringle à rideaux** : Curtain rod
- **Triple croche** : Demi-semiquaver
- **Trombone** : Paper clip
- **Trompe de chasse** : Hunting horn
- **Tronc** : Collection box
- **Tronche de cake** : Jerk
- **Tronçon** : Dock
- **Trop** : Too much
- **Trop-plein** : Overflow
- **Trou d'air** : Air pocket
- **Trous pour valet** : Dogholes
- **Truffe** : Truffle
- **Tube lance-missiles** : Missile tube
- **Tuyère** : Exhaust nozzle

- **Valençay** : Valencay
- **Vapeur** : Steam
- **Variqueux** : Varicose
- **Veine cave supérieure** : Superior vena cava
- **Vent arrière** : Rear wind

- **Verbe** : Verb
- **Vérin de commande de volet** : Flap hydraulic jack
- **Vernis à ongles** : Nail polish
- **Verre** : Glass
- **Verrière** : Canopy
- **Verrue** : Wart
- **Vessie** : Bladder
- **Vicaire** : Curate
- **Viol** : Rape
- **Violon** : Violin
- **Visière** : Peak
- **Vison** : Mink
- **Vis platinées** : Contact points
- **Vœu** : Vow
- **Voie** : Track
- **Voie d'accès** : Access road
- **Voie de circulation** : Lane
- **Voiture** : Car
- **Volant** : Shuttlecock
- **Volet de courbure** : Flap
- **Vomir** : To vomit
- **Voussure** : Arch
- **Voyant lumineux** : Pilot light
- **Voyelle** : Vowel

- **Wok** : Wok

- **Yacht** : Yacht
- **Yamaha** : Yamaha
- **Yeux bridés** : Slanting eyes

- **Zénith** : Zenith
- **Zoner** : To wander around

GLOSSAIRE ANGLAIS-FRANÇAIS
ENGLISH-FRENCH GLOSSARY

- **Access road** : Voie d'accès
- **Accident** : Accident
- **Acne** : Acné
- **Adductor muscle** : Muscle adducteur
- **Administrative form** : Formulaire administratif
- **Air brake** : Aérofrein
- **Air lock** : Sas d'accès arrière
- **Air pocket** : Trou d'air
- **Air pump** : Gonfleur
- **Akal** : Agal
- **Alb** : Aube
- **Alimony** : Pension alimentaire
- **Alphabet** : Alphabet
- **Andirons** : Chenets
- **Angel** : Ange
- **Ankle** : Cheville
- **Anus** : Anus
- **April moon** : Lune rousse
- **Apse** : Abside
- **Arch** : Voussure
- **Armchair** : Fauteuil
- **Armpit** : Aisselle
- **Arrester hook** : Crosse d'appontage
- **Aryan** : Aryen
- **Astrology** : Astrologie
- **Avocado with crabmeat** : Avocat au crabe

- **Back** : Dos
- **Background** : Arrière-plan
- **Baggage cart** : Chariot à bagage
- **Bagpipe** : Cornemuse
- **Bankruptcy** : Faillite
- **Bar code** : Code barre
- **Baritone** : Baryton
- **Bat** : Chauve-souris
- **Bathroom** : Salle de bains
- **Bathtub** : Baignoire
- **Battery** : Pile
- **Beach umbrella** : Parasol
- **Beaumont** : Beaumont
- **Bedding** : Literie
- **Bell** : Cloche
- **Bell tower** : Clocher
- **Belt** : Ceinturon
- **Bench top** : Plateau
- **Beret** : Béret
- **Bible** : Bible
- **Binoculars** : Jumelles
- **Bird call** : Appeau
- **Blackboard** : Tableau noir
- **Bladder** : Vessie
- **Bleu de Bresse** : Bleu de Bresse
- **Block** : Billot
- **Body** : Corps
- **Boiler** : Chaudière
- **Bolt** : Fermeture de culasse
- **Bolt handle** : Levier d'éjection
- **Bond** : Obligation
- **Boning knife** : Couteau à désosser
- **Bonnet** : Coiffe
- **Boot** : Botte
- **Borderline** : Borderline
- **Bore** : Galère

- **Bottle of beer** : Canette de bière
- **Bouquet of flowers** : Bouquet de fleurs
- **Bow** : Nœud
- **Bow** : Archet
- **Bow tie** : Nœud papillon
- **Bowl** : Bol
- **Bowls** : Boules
- **Box** : Boîtier
- **Box** : Loge
- **Box spring** : Sommier
- **Bra** : Soutien-gorge
- **Braces** : Bretelles
- **Brain** : Cerveau
- **Breast** : Poitrine
- **Breast pocket** : Poche poitrine
- **Breathlyser** : Alcootest
- **Breech** : Culasse
- **Bribe** : Pot-de-vin
- **Bridge** : Chevalet
- **Bridge table** : Table de bridge
- **Brisket** : Bréchet
- **Brother-in-law** : Beau-frère
- **Buffet** : Commode
- **Bulb of heel** : Bulbe du talon
- **Bumper** : Butoir
- **Bunk** : Couchette
- **Buoy** : Bouée
- **Busby** : Ourson
- **Butler** : Maître d'hôtel
- **Button** : Bouton
- **Buttonhole** : Boutonnière
- **Buying the gifts** : l'Achat des cadeaux

- **Cabinet** : Enceinte
- **Calcaneus** : Malléole
- **Calf** : Mollet
- **Camembert** : Camembert
- **Can opener** : Ouvre-boîte
- **Canadian crutch** : Béquille canadienne
- **Candelabra** : Chandelier
- **Canned tomatoes** : Boîte de tomates
- **Cannister** : Capot de bout d'arbre
- **Canopy** : Verrière
- **Canopy bed** : Lit à baldaquin
- **Cap** : Casquette
- **Cap** : Chapeau
- **Car** : Voiture
- **Car** : Caisse
- **Cards** : Cartes
- **Carpus** : Carpe
- **Cashier** : Caissier
- **Cashier** : Caissière
- **Cash register** : Caisse
- **Cast iron casing** : Corps en fonte
- **Catch** : Cuiller
- **Catfish** : Poisson-chat
- **Center drawer** : Tiroir central
- **Chandelier** : Lustre
- **Chapter** : Chapitre
- **Chastity** : Chasteté
- **Chasuble** : Chasuble
- **Chef's hat** : Chapeau de chef
- **Cheque** : Chèque
- **Chest** : Poitrine
- **Child from first marriage** : Enfant du 1er lit
- **Child from second marriage** : Enfant du 2e lit
- **Chinchilla** : Chinchilla
- **Chin** : Menton
- **Chrysanthemum** : Chrysanthème
- **Chuck short rib** : Haut de côtes
- **Cigarette** : Cigarette
- **Cirrostratus** : Cirro-stratus
- **Claw** : Griffe
- **Climbing** : Montée
- **Clinches** : Rivets
- **Cloister** : Cloître
- **Clothes pin** : Pince à linge
- **Coat hanger** : Cintre
- **Cockroach** : Blatte
- **Collar** : Col
- **Collar** : Collier
- **Collar bone** : Clavicule
- **Collection box** : Tronc
- **Comb** : Crête
- **Combat boots** : Rangers
- **Come a cropper (to)** : Prendre une veste

- **Common rafter** : Chevron
- **Compass** : Boussole
- **Complement** : Complément
- **Computer** : Ordinateur
- **Comté** : Comté
- **Concentration camp** : Camp de concentration
- **Conclave** : Conclave
- **Concubine** : Concubin notoire
- **Condom** : Préservatif
- **Conductor** : Chef d'orchestre
- **Conger eel** : Congre
- **Conning tower** : Kiosque
- **Consonant** : Consonne
- **Constituency** : Circonscription
- **Contact points** : Vis platinées
- **Controls** : Réglages
- **Cope** : Chape
- **Corkscrew** : Tire-bouchon
- **Cornice** : Corniche
- **Coronary band** : Bourrelet
- **Corpse** : Cadavre
- **Corruption** : Corruption
- **Counter** : Guichet
- **Couscous pot** : Couscoussier
- **Cove** : Crique
- **Cover** : Couvercle
- **Crater** : Cratère
- **Credit** : Crédit
- **Credit card** : Carte de crédit
- **Creator** : Créateur
- **Creditor** : Créancier
- **Creep** : Enflure
- **Creep** : Erreur humaine
- **Crest** : Crête
- **Crocodile** : Crocodile
- **Crosier** : Crosse
- **Crown** : Couronne
- **Cuff** : Poignet
- **Cumulonimbus** : Cumulo-nimbus
- **Curate** : Vicaire
- **Curtain** : Rideau
- **Curtain rod** : Tringle à rideaux
- **Cushion** : Coussin
- **Customer** : Consommateur

- **Dab** : Limande
- **Dachshund** : Teckel
- **Daughter-in-law** : Belle-fille
- **Debtor** : Débiteur
- **Decanter** : Carafe
- **Deceased** : Défunt
- **Decoration** : Décoration
- **Deer crossing** : Passage d'animaux sauvages
- **Defence speech** : Plaidoirie
- **Demagogy** : Démagogie
- **Demi-semiquaver** : Triple croche
- **Demob** : Quille
- **Desk** : Bureau
- **Detachable collar** : Collerette amovible
- **Devil** : Diable
- **Devotion** : Dévotion
- **Diocese** : Diocèse
- **Discount** : Escompte
- **Dish washing liquid** : Produit à vaisselle
- **Diva** : Diva
- **Divine** : Divin
- **Dock** : Tronçon
- **Dog blocks** : Griffes
- **Dogholes** : Trous pour valet
- **Door panels** : Portes coulissantes
- **Dove** : Colombe
- **Down** : Duvet
- **Drawbridge** : Pont-levis
- **Dress** : Robe
- **Dressed** : Sapé
- **Drive** : Pulsion
- **Dromedary** : Dromadaire
- **Duck** : Canard
- **Dune** : Dune
- **Duty free shop** : Boutique hors taxe

- **Ear, nose and throat specialist** : Oto-rhino-laryngologiste
- **Earlobe** : Lobe de l'oreille
- **Earthquake** : Tremblement de terre
- **Eclipse** : Éclipse
- **Ecologist** : Écologiste
- **Ecstasy** : Extase

- **Egeria** : Égérie
- **Electric chair** : Chaise électrique
- **Electric guitar** : Guitare électrique
- **Electric heater** : Chauffage électrique
- **Electric post** : Poteau électrique
- **Electric shaver** : Rasoir électrique
- **Electric torch** : Lampe de poche
- **Emergency brake** : Signal d'alarme
- **Emmenthal** : Emmenthal
- **Emperor** : Empereur
- **Encyclical** : Encyclique
- **Engine room** : Chambre des machines
- **Entrance ramp** : Bretelle d'accès
- **Epitaph** : Épitaphe
- **Epithet** : Épithète
- **Escalator** : Escalier mécanique
- **Escape** : Évasion
- **Eternal** : Éternel
- **Exhaust nozzle** : Tuyère
- **Exit ramp** : Bretelle de sortie
- **Eyeball** : Globe oculaire
- **Eyebrow** : Sourcil
- **Eyelashes** : Cils
- **Eyelid** : Paupière
- **Eye stay** : Patte d'œillets

- **Faith** : Foi
- **Family portrait** : Portrait de famille
- **Fantasy** : Fantasme
- **Fatigues** : Treillis
- **Femur** : Fémur
- **Fibula** : Péroné
- **File** : Lime
- **Fine** : Contravention
- **Firefly** : Luciole
- **Flag** : Fanion
- **Flank** : Flanc
- **Flap** : Rabat
- **Flap** : Volet de courbure
- **Flap hydraulic jack** : Vérin de commande de volet
- **Flat** : Bémol
- **Flexible hose** : Flexible
- **Floor glide** : Patin
- **Flush handle** : Manette de chasse
- **Flying buttress** : Arc-boutant
- **Flying instruments** : Instruments de vol
- **Foam** : Écume
- **Fog** : Brouillard
- **Forearm crutch** : Béquille d'avant-bras
- **Forehead** : Front
- **Fracture** : Fracture
- **Fraudulent** : Frauduleux
- **French beans can** : Boîte de haricots verts
- **Frets** : Barrettes
- **Fried rice** : Riz cantonais
- **Front placket** : Gorge de chemise
- **Front sight** : Guidon
- **Frozen boiled spinach** : Épinards en branches surgelés
- **Frozen prawns** : Crevettes surgelées
- **Frozen snails** : Escargots surgelés
- **Funeral** : Obsèques
- **Fuse** : Détonateur de retard

- **Galaxy** : Galaxie
- **Gangrene** : Gangrène
- **Garter belt** : Porte-jarretelles
- **Genitalia** : Organes génitaux
- **Get a tan (to)** : Bronzer
- **Gift** : Cadeau
- **Gills** : Branchies
- **Ginger** : Gingembre
- **Glass** : Verre
- **Glass of red wine** : Ballon de rouge
- **Glasses** : Lunettes
- **Glossary** : Glossaire
- **Gold** : Or
- **Gold plate** : Plaqué or

- **Golf tee** : Tee de golf
- **Gore area** : Divergent
- **Gournay** : Gournay
- **Graduated scale** : Échelle des temps
- **Grandfather** : Grand-père
- **Great-grandmother** : Arrière-grand-mère
- **Great anteater** : Tamanoir
- **Grog** : Grog
- **Grotto** : Grotte
- **Ground to air missile** : Missile sol-air
- **Grouper** : Mérou
- **Guard** : Gardien
- **Gulf** : Golfe
- **Gun** : Revolver
- **Gusset** : Gousset de couplage

- **Hackle** : Plastron
- **Hair** : Cheveux
- **Haircut** : Coupe de cheveux
- **Half note** : Blanche
- **Hand grenade** : Grenade à main
- **Handkerchief** : Mouchoir
- **Handle** : Poignée
- **Handle** : Broche de serrage
- **Hanging** : Pendaison
- **Hard-boiled egg** : Œuf dur
- **Hat** : Chapeau
- **Headdress** : Coiffe en dentelle
- **Hearse** : Corbillard
- **Heart** : Cœur
- **Heaven** : Ciel
- **Heavenly** : Céleste
- **Heel** : Cotret
- **Heel** : Talon
- **Heel patch** : Renfort du talon
- **Helicopter** : Hélicoptère
- **Helix** : Helix
- **Hell** : Enfer
- **Helmet** : Casque
- **Hen** : Poule
- **Herring** : Hareng
- **Highway** : Autoroute
- **Hijacking** : Détournement
- **Hind toe** : Pouce
- **Hip** : Hanche
- **Hippopotamus** : Hippopotame
- **Hole punch** : Alêne
- **Holier-than-thou** : Bigot
- **Honda** : Honda
- **Hood** : Capuchon
- **Hook** : Hameçon
- **Hook and eye** : Agrafe
- **Hook disgorger** : Dégorgeoir
- **Hooves** : Sabots
- **Hornet** : Frelon
- **Hostage** : Otage
- **Humanitarian cause** : Cause humanitaire
- **Hunting horn** : Trompe de chasse

- **Icebox** : Glacière
- **Idol** : Idole
- **Ilium** : Ilion
- **Illegal billposting** : Affichage sauvage
- **Immigrant** : immigré
- **In-flight refuelling probe** : Perche de ravitaillement
- **Infallibility** : Infaillibilité
- **Infected blood** : Sang contaminé
- **Inheritance** : Héritage
- **Injustice** : Injustice
- **Inlet** : Bras de mer
- **Innocent** : Innocent
- **Insemination** : Insémination
- **Intestine** : Intestin
- **Invitations** : Invitations
- **Island** : Terre-plein central

- **Jellyfish** : Méduse
- **Jerk** : Tronche de cake
- **Jet engine** : Réacteur
- **Jet lag** : Décalage horaire
- **Joint** : Pétard

- **Keffyeh** : Keffieh
- **Key** : Curseur
- **Key** : Cheville mécanique
- **Keystone** : Clef de voûte

- **Kilt pin** : Épingle de kilt
- **King post** : Poinçon
- **Kite** : Cerf-volant
- **Knee** : Genou
- **Knee cap** : Rotule
- **Knitting** : Tricot

- **Labrador** : Labrador
- **Lace** : Dentelle
- **Lamprey** : Lamproie
- **Lampshade** : Abat-jour
- **Lane** : Voie de circulation
- **Launch** : Chaloupe
- **Lawyer** : Avocat
- **Leader board** : Planche à vent
- **Leech** : Sangsue
- **Left bank** : Rive gauche
- **Left pedestre** : Caisson gauche
- **Leg** : Pied
- **Leg brace** : Entretoise
- **Leg of lamb** : Gigot
- **Leg of mutton handle** : Manche à gigot
- **Letter of credit** : Traite
- **Levier** : Branche
- **Lip** : Lèvre
- **Literary prize** : Prix littéraire
- **Lobe** : Lobe
- **Lock** : Serveur
- **Loden** : Loden
- **Log** : Bûche
- **Loin** : Carré
- **Loop ramp** : Bretelle de raccordement
- **Lord** : Seigneur
- **Lorgnette** : Face-à-main
- **Lottery** : Loterie
- **Louse** : Pou
- **Low bow** : Courbette
- **Lox tank baffler** : Réflecteur de réservoir d'origine liquide
- **Lug** : Ergot
- **Luxury** : Luxe

- **Mach and speed indicator** : Anémomachmètre
- **Magazine release** : Levier d'ouverture du magasin
- **Magnifier** : Coupe
- **Maid** : Bonne
- **Mandarin cap** : Chapeau de mandarin
- **Manure heap** : Tas de fumier
- **Mattress** : Matelas
- **Mattress cover** : Alèse
- **Mayfly** : Éphémère
- **Media** : Médias
- **Meditation** : Méditation
- **Menu** : Menu
- **Mesosphere** : Mésosphère
- **Metatarsal** : Metatarse
- **Metronome** : Métronome
- **Midsole wedge** : Biseau
- **Milk** : Lait
- **Milking** : Traite
- **Mimolette** : Mimolette
- **Mince** : Hachis
- **Mink** : Vison
- **Minor road** : Route secondaire
- **Mirador** : Mirador
- **Mirror** : Glace
- **Missile** : Missile
- **Missile launch rail** : Rail de lancement de missiles
- **Missile tube** : Tube lance-missiles
- **Mistress** : Maîtresse
- **Miter** : Mitre
- **Mitt** : Moufle
- **Moistener** : Mouilleur
- **Mongoose** : Mangouste
- **Monk** : Moine
- **Moose** : Orignal
- **Mosque** : Mosquée
- **Mother-in-law** : Belle-mère
- **Motorbike** : Moto
- **Motor unit lever** : Motrice
- **Mousetrap** : Piège à souris
- **Moustache** : Moustache
- **Mouth** : Bouche
- **Mule** : Mule
- **Multiple sclerosis** : Sclérose en plaques
- **Music stand** : Pupitre
- **Muzzle** : Museau

- **Nail cleaner** : Cure-ongles
- **Nail nick** : Onglet
- **Nail polish** : Vernis à ongles
- **Narcissistic** : Narcissique
- **Nave** : Nef
- **Navel** : Nombril
- **Nebula** : Nébuleuse
- **Neck** : Collet
- **Neck** : Manche
- **Neck** : Tête
- **Necklace** : Collier
- **Nemès** : Nemès
- **Neurotic** : Névrotique
- **Nipple** : Mamelon
- **Nostril** : Narine
- **Nostril** : Naseau
- **Note** : Note
- **Novice** : Novice
- **Nuclear bomb** : Bombe atomique
- **Nuclear power reactor** : Surgénérateur
- **Nuncio** : Nonce
- **Nurse** : Infirmière

- **Oak** : Chêne
- **Observatory** : Observatoire
- **Œdipus** : Œdipe
- **Œsophagus** : Œsophage
- **On-off button** : Commande marche/arrêt
- **Open rear sight** : Hausse réglable
- **Orbit** : Orbite
- **Outsole** : Semelle extérieure
- **Ovary** : Ovaire
- **Overflow** : Trop-plein
- **Overshoe** : Couvre-chaussure
- **Oyster** : Huître

- **Pacemaker** : Stimulateur cardiaque
- **Padding** : Rembourrage
- **Painting** : Tableau
- **Paper clip** : Trombone
- **Parliamentary immunity** : Immunité parlementaire
- **Parlour** : Parloir
- **Party financing** : Financement des partis
- **Pass away (to)** : Trépasser
- **Pastern** : Paturon
- **Peak** : Faîte
- **Peak** : Visière
- **Pebble** : Galet
- **Peeler** : Couteau à éplucher
- **Peking duck** : Canard laqué
- **Pendulum** : Balancier
- **Penis** : Pénis
- **Perfecto** : Perfecto
- **Periople** : Muraille
- **Petit suisse** : Petit-suisse
- **Phallic** : Phallique
- **Phobic** : Phobique
- **Pile** : Magot
- **Pilot light** : Voyant lumineux
- **Pinball** : Billard électrique
- **Pineapple can** : Boîte d'ananas
- **Pitcher** : Pichet
- **Pivot** : Axe de balancier
- **Plane crash** : Catastrophe aérienne
- **Plane ticket** : Billet d'avion
- **Plant** : Plante verte
- **Plastic bag** : Sac plastique
- **Platform** : Quai
- **Pleonasm** : Pléonasme
- **Plinth** : Plinthe
- **Plural** : Pluriel
- **Pole position** : Pole position
- **Polecat** : Putois
- **Pont l'évêque** : Pont-l'évêque
- **Port** : Bâbord
- **Port sail plane** : Gouvernail de plongée avant
- **Portable shower head** : Douchette
- **Portrait** : Portrait
- **Pot of jam** : Pot de confitures
- **Power** : Pouvoir
- **Prawn** : Crevette
- **Primer** : Amorce
- **Principal rafter** : Arbalétrier
- **Problem** : Lézard
- **Procession** : Procession
- **Projection** : Projection
- **Propeller** : Hélice

- **Prostate** : Prostate
- **Pruning shears** : Sécateur
- **Pull ring** : Anneau
- **Pumps** : Escarpins
- **Puncture** : Crevaison
- **Pupil** : Pupille
- **Pylon** : Pylône

- **Quarter** : Quartier

- **Race** : Race
- **Rack** : Carré de côtelettes
- **Rainbow** : Arc-en-ciel
- **Raincoat** : Imperméable
- **Rape** : Viol
- **Rare** : Saignant
- **Raw fish** : Poisson cru
- **Reactor** : Réacteur
- **Real pain** : Prise de tête
- **Rear view minor** : Rétroviseur
- **Rear wind** : Vent arrière
- **Record pad** : Plaque de couche antérieure
- **Recovery** : Guérison
- **Red carpet** : Tapis rouge
- **Reed** : Anche
- **Reef knot** : Nœud plat
- **Refrigerate (to)** : Réfrigérer
- **Regression** : Régression
- **Rest area** : Aire de repos
- **Return section** : Retour de bureau
- **Reverser** : Inverseur
- **Rib cage** : Cage thoracique
- **Ricefield** : Rizière
- **Rifle** : Carabine
- **Rolling** : Roulis
- **Rolling pin** : Rouleau à pâtisserie
- **Roof** : Toit
- **Rump** : Selle
- **Running shoe** : Chaussure de course à pied

- **Sacrum** : Sacrum
- **Safe** : Coffre-fort
- **Safety button** : Poussoir de sûreté
- **Safety pin** : Goupille
- **Sail bars** : Lattis
- **Saint marcellin** : Saint-marcellin
- **Sainte maure** : Sainte-maure
- **Saucers** : Soucoupes
- **Savings** : Épargne
- **Scallop** : Coquille Saint-Jacques
- **Scarf** : Foulard
- **Scenery** : Décor
- **Schizophrenia** : Schizophrénie
- **Scissors** : Ciseaux
- **Scrabble** : Scrabble
- **Screech owl** : Chat-huant
- **Screwdriver** : Tournevis
- **Seat** : Siège
- **Sea gull** : Mouette
- **Sea spray** : Embruns
- **Secret funds** : Caisse noire
- **Secretary** : Secrétaire
- **Senior citizen's rail pass** : Carte de réduction
- **Serving apron** : Tablier de service
- **Sewer** : Égout
- **Shackle** : Anneau
- **Shame** : La honte
- **Shank** : Jarret
- **Share** : Action
- **Sharpening steel** : Fusil
- **Sheep** : Mouton
- **Sheet** : Drap
- **Shetcher** : Traverse
- **Shirt** : Chemise
- **Shirt tail** : Pan de chemise
- **Shoe laces** : Lacets
- **Shoe tree** : Embauchoir
- **Shorts** : Short
- **Shoulder** : Bande d'arrêt d'urgence
- **Shoulder** : Épaule
- **Shoulder blade** : Omoplate
- **Shuttlecock** : Volant
- **Sickles** : Plumes arquées
- **Side handrail** : Barre de maintien

- **Side walls** : Mamelle latérale
- **Signet ring** : Chevalière
- **Silurid** : Silure
- **Singular** : Singulier
- **Sinister** : Patibulaire
- **Sink** : Lavabo
- **Siphon** : Siphon
- **Sirloin** : Contre-filet
- **Skilift** : Remonte-pente
- **Skimmer** : Écumoire
- **Skirt** : Jupe
- **Ski school** : École de ski
- **Skull** : Crâne
- **Slanting eyes** : Yeux bridés
- **Sleeve** : Manche
- **Sleeve placket** : Patte
- **Slip** : Combinaison
- **Snow** : Neige
- **Snowshoe** : Raquette
- **Soap dish** : Porte-savon
- **Soccer field** : Terrain de football
- **Sole** : Semelle
- **Sole meuniere** : Sole meunière
- **Solid rocket booster** : Fusée à propergol liquide
- **Son-in-law** : Gendre
- **Sorrow** : Chagrin
- **Soup** : Soupe
- **Space shuttle** : Navette spatiale
- **Spading fork** : Fourche
- **Speaker** : Haut-parleur
- **Spear blade** : Grande lame
- **Speculate (to)** : Spéculer
- **Speculation** : Spéculation
- **Speculum** : Spéculum
- **Spell (to)** : Épeler
- **Sperm whale** : Cachalot
- **Spindle locking plate** : Plaque d'arrêt de la vis sans fin
- **Spire** : Flèche
- **Spring** : Ressort
- **Spring roll** : Rouleau de printemps
- **Spring slot** : Encoche de ressort
- **Spur** : Éperon
- **Spur** : Ergot
- **Stabilizer** : Stabilisateur
- **Starboard diving plane** : Barre de plongée
- **Steam** : Vapeur
- **Sternum** : Sternum
- **Stew** : Civet
- **Stirrup** : Étrier
- **Stock** : Bord d'attaque
- **Stock** : Crosse
- **Stock Exchange** : Bourse
- **Stole** : Étole
- **Stomach** : Estomac
- **Stork** : Cigogne
- **Storm** : Tempête
- **Stoup** : Bénitier
- **Stout** : Corpulent
- **Straight skirt** : Jupe droite
- **Stretcher-bearer** : Brancardier
- **Strings** : Cordes
- **Striped shirt** : Chemise rayée
- **Strut** : Contrefiche
- **Sturgeon** : Esturgeon
- **Suicide** : Suicide
- **Sun** : Soleil
- **Superior vena cava** : Veine cave supérieure
- **Supposed father** : Père présumé
- **Surplice** : Surplis
- **Survivor** : Survivant
- **Suspended sentence** : Sursis
- **Swagger bag** : Sac bavolet
- **Swastika** : Croix gammée
- **Swiss knife** : Couteau suisse
- **Switch** : Aiguillage
- **Swivel hook** : Crochet pivotant
- **Swivel pin** : Anneau grenadière
- **Synod** : Concile
- **Syringe** : Seringue

- **Tablet** : Cachet
- **Tadpole** : Têtard
- **Takeoff** : Décollage
- **Tambourine** : Tambourin
- **Tapir** : Tapir
- **Tarsus** : Tarse

- **Tasting cup** : Taste-vin
- **Tea** : Thé
- **Teddy bear** : Ours en peluche
- **Television** : Télévision
- **Temple** : Temple
- **Tepee** : Tipi
- **Test tube baby** : Fécondation in vitro
- **Thigh** : Cuisse
- **Tie** : Traverse
- **Tie beam** : Entrait
- **Toe** : Orteil
- **Toe** : Rive externe
- **Toe box** : Bout
- **Toe clip** : Pince
- **Toes** : Doigts
- **Toilet bowl** : Cuvette
- **Toilet paper** : Papier toilette
- **Tombstone** : Pierre tombale
- **Tongue** : Languette
- **Tongue depressor** : Abaisse-langue
- **Too much** : Trop
- **Tool drawer** : Tiroir à outils
- **Tool well** : Auge à outils
- **Toothpick** : Cure-dent
- **Top** : Plateau
- **Torpedo** : Torpille
- **Tower** : Tour
- **Track** : Voie
- **Traffic lights** : Feux de signalisation
- **Tragus** : Tragus
- **Trailer** : Caravane
- **Train** : Rame
- **Tremolo arm** : Bras de vibrato
- **Triple bars** : Barres de spa
- **Tripod cane** : Canne tripode
- **Truffle** : Truffe
- **Truncheon** : Matraque
- **Tumbler holder** : Porte-verre
- **Tuning fork** : Diapason
- **Turbine compressor shaft** : Arbre turbine compresseur
- **Tureen** : Soupière
- **Turkish toilets** : Cabinets à la turque
- **Turn one's coat (to)** : Retourner sa veste
- **Turnback** : Retour de protection
- **Turnstile** : Tourniquet
- **Tweezers** : Pince à épiler
- **Typewriter** : Machine à écrire

- **Ulna** : Cubitus
- **Underarm crutch** : Béquille commune
- **Underground station** : Station de métro
- **Unfortunate mistake** : Bavure
- **Uppers** : Empeigne

- **Valencay** : Valençay
- **Varicose** : Variqueux
- **Vault** : Caveau
- **Verb** : Verbe
- **Video supervision** : Surveillance vidéo
- **Violin** : Violon
- **Vomit (to)** : Vomir
- **Vow** : Vœu
- **Vowel** : Voyelle

- **Wall** : Mur
- **Wander around (to)** : Zoner
- **War bonnet** : Parure de guerre
- **Warding** : Découpage électoral
- **Wart** : Verrue
- **Wattle** : Fanon
- **Weightlessness** : Apesanteur
- **Wide-brimmed hat** : Capeline
- **Windmill** : Moulin à vent
- **Windshaft** : Arbre
- **Windshield** : Pare-brise
- **Wing box** : Caisson de voilure
- **Wings** : Coulisses
- **Winkle** : Bigorneau
- **Wiretapping** : Écoute téléphonique
- **Withers** : Garrot

- **Wok** : Wok
- **Women's magazine** : Magazine féminin
- **Wood saw** : Scie à bois
- **Word** : Mot
- **Work surface** : Plan de travail
- **Workbench** : Établi
- **Wrack** : Goémon
- **Wreath** : Couronne
- **Wreck** : Épave
- **Wrist** : Poignet
- **Writing slide** : Tirette

- **X-ray** : Radiographie

- **Yacht** : Yacht
- **Yamaha** : Yamaha
- **Yarmulke** : Calotte
- **Yellow** : Jaune
- **Zenith** : Zénith

TABLE

GUIDE DE CONVERSATION

VOCABULAIRE

GLOSSAIRE

Achevé d'imprimer sur les presses de l'imprimerie Darantiere
à Dijon-Quetigny en décembre 1993

Dépôt légal : 4e trimestre 1993 – N° d'impression : 662